全国干部学习培训教材

全面推进
中国特色大国外交

全国干部培训教材编审指导委员会组织编写

人民出版社

党建读物出版社

序　言

　　善于学习，就是善于进步。党的历史经验和现实发展都告诉我们，没有全党大学习，没有干部大培训，就没有事业大发展。面对当今世界百年未有之大变局，面对进行伟大斗争、伟大工程、伟大事业、伟大梦想的波澜壮阔实践，我们党要团结带领全国各族人民抓住和用好我国发展重要战略机遇期，坚持和发展中国特色社会主义，统筹推进"五位一体"总体布局、协调推进"四个全面"战略布局，推进国家治理体系和治理能力现代化，促进人的全面发展和社会全面进步，防范和应对各种风险挑战，实现"两个一百年"奋斗目标、实现中华民族伟大复兴的中国梦，就必须更加崇尚学习、积极改造学习、持续深化学习，不断增强党的政治领导力、思想引领力、群众组织力、社会号召力，不断增强干部队伍适应新时代党和国家事业发展要求的能力。

我们党依靠学习创造了历史，更要依靠学习走向未来。要加快推进马克思主义学习型政党、学习大国建设，坚持把学习贯彻新时代中国特色社会主义思想作为重中之重，坚持理论同实际相结合，悟原理、求真理、明事理，不断增强"四个意识"、坚持"四个自信"、做到"两个维护"，教育引导广大党员、干部按照忠诚干净担当的要求提高自己，努力培养斗争精神、增强斗争本领，使思想、能力、行动跟上党中央要求、跟上时代前进步伐、跟上事业发展需要。

抓好全党大学习、干部大培训，要有好教材。这批教材阐释了新时代中国特色社会主义思想的重大意义、科学体系、精神实质、实践要求，各级各类干部教育培训要注重用好这批教材。

2019 年 2 月 27 日

目 录

第一章　新时代中国特色大国外交的时代
　　　　背景 ……………………………………… 1
　　第一节　党的十八大以来中国外交取得的
　　　　　　历史性成就 ………………………… 1
　　第二节　新时代中国特色大国外交的历史
　　　　　　方位 ………………………………… 6

第二章　习近平外交思想的核心要义 ……… 23
　　第一节　习近平外交思想的丰富内涵 …… 23
　　第二节　习近平外交思想的重大意义 …… 30

第三章　推动构建人类命运共同体 ………… 42
　　第一节　人类命运共同体思想的产生与
　　　　　　发展 ………………………………… 42
　　第二节　推动构建人类命运共同体的丰富
　　　　　　内涵 ………………………………… 46

第三节　推动构建人类命运共同体的重大

意义 ……………………………………… 49

第四章　推动构建新型国际关系 ……………… 56

第一节　新型国际关系思想的产生与发展 …… 56

第二节　新型国际关系思想的丰富内涵 ……… 58

第三节　推动构建新型国际关系的重大意义 … 61

第五章　奉行独立自主的和平外交政策 ……… 69

第一节　坚持和平发展道路 …………………… 69

第二节　尊重各国人民自主选择发展道路的

权利 …………………………………… 75

第三节　捍卫国家主权安全发展利益 ………… 77

第六章　积极发展全球伙伴关系 ……………… 93

第一节　建设总体稳定、均衡发展的大国

关系 …………………………………… 93

第二节　深化同周边国家关系 ………………… 100

第三节　加强与发展中国家团结合作 ………… 106

第七章　坚持互利共赢的开放战略 …………… 117

第一节　扎实推进"一带一路"建设 ………… 117

第二节　加强对外援助工作 ……………………… 128

第三节　推动建设开放型世界经济 …………… 135

第八章　积极参与全球治理体系改革和建设 ……… 150

第一节　维护以《联合国宪章》宗旨和原则

　　　　为核心的国际秩序 ……………………… 150

第二节　推动全球治理体系朝着更加公正

　　　　合理方向发展 ………………………… 153

第三节　建设性参与解决国际和地区热点

　　　　问题 ……………………………………… 157

第四节　合作应对各类全球性挑战 …………… 159

第九章　扎实推进各领域外交 ……………………… 167

第一节　推进党、人大、政协、军队、地方、

　　　　人民团体等的对外交往 …………… 167

第二节　讲好中国故事 ………………………… 178

第三节　大力发展人文交流 …………………… 184

第四节　加强新兴领域国际合作 …………… 192

第十章　加强党对对外工作的集中统一领导 …… 201

第一节　深刻认识党对对外工作集中统一

　　　　领导的重要意义 ……………………… 201

第二节　加强对外交外事工作的领导与

　　　　　管理 ……………………………………205

阅读书目 ………………………………………………211
后　记 …………………………………………………213

第一章
新时代中国特色大国外交的
时代背景

第一节　党的十八大以来中国外交取得的
历史性成就

党的十八大以来，以习近平同志为核心的党中央紧紧围绕实现"两个一百年"奋斗目标和实现中华民族伟大复兴的中国梦，积极推进外交理论和实践创新，推动中国特色大国外交取得了许多历史性、开创性的重大成就。

一、开拓进取，全面推进中国特色大国外交

党的十八大以来，习近平总书记以伟大政治家、战略家的远见卓识和非凡胆略，谋划运筹对外工作全局，指引中国外交开拓前行，更加自信、更加鲜明地展现出中国特色、中国风格、中国

气派。在以习近平同志为核心的党中央领导下，我们积极倡导构建人类命运共同体，深入推进全方位外交布局，实施共建"一带一路"倡议，促进全球治理体系变革，坚定维护国家利益，为我国改革发展稳定营造了良好外部环境，为世界和平与发展作出了新的重大贡献。

二、运筹帷幄，构建全球伙伴关系网络

党的十八大以来，我们以周边和大国为重点，以发展中国家为基础，以多边为舞台，通盘谋划、整体运筹，全面推进各项对外工作。在相互尊重、平等互利的基础上，目前，中国已同世界上 100 多个国家和区域组织建立了不同形式的伙伴关系，形成了覆盖全球的"朋友圈"，以互利合作的实际行动，与各国人民共创美好未来。

中国积极推动中美关系健康稳定发展，在多领域搭建对话平台，在一系列涉及我国重大核心利益的问题上亮明立场、划出底线、敢于斗争，有力捍卫了我国核心利益和正当权益。中俄关系处于历史发展最好时期，在高水平上行稳致远，已成为维护世界和平安宁、主持公平正义、倡导合作共赢的重要基石。中国坚定支持欧洲一体化进程，中欧和平、增长、改革、文明四大伙伴关系建设不断取得新的进展，经贸、气候变化等领域合作不断深化。

中国努力维护周边形势稳定和区域合作势头。积极劝和促谈，推动朝鲜半岛局势缓和向好，维护南海和平稳定大局，保持中国—中亚关系高水平运行，打造更高水平的中国—东盟战略伙伴关系，引导中日、中印关系行稳向好。

中国秉持正确义利观和真实亲诚理念，加强同发展中国家团结合作，坚持用好中非、中拉、中阿之间业已建立的机制性合作平台，开启了金砖合作第二个"金色十年"，"金砖+"合作模式取得良好效果。中国响应广大非洲国家的愿望，把共建"一带一路"倡议与非盟《2063年议程》、联合国《2030年可持续发展议程》、非洲各国发展战略更紧密对接，让共建"一带一路"倡议成为引领中非全方位合作新的强劲动力。

三、实施共建"一带一路"倡议，构筑对外开放新格局

自习近平总书记2013年提出共建"一带一路"倡议以来，中国秉承和平合作、开放包容、互学互鉴、互利共赢的丝路精神，致力于促进各国的共同发展，推进互利共赢的开放战略，形成了以"一带一路"建设为统领的对外开放新格局。"一带一路"从倡议变为行动，从理念转化为实践，快速成长为开放包容的国际合作平台、各方普遍欢迎的全球公共产品。中国与140多个国家和国际组织就"一带一路"国际合作订立了发展战略对接协议与合作框架协议。联合国大会、联合国安理会等重要决议纳入了"一带一路"相关内容。

倡议实施5年来，中国同"一带一路"相关国家的货物贸易额累计超过5万亿美元，对外直接投资超过700亿美元，为当地创造20多万个就业岗位。"一带一路"金融合作网络初具规模，通过亚洲基础设施投资银行（简称"亚投行"）、丝路基金等金融机构，为共建国家提供了大量投资信贷服务，对各国经济社会发展帮助巨大。一大批互联互通项目规划实施，人文合作深入开展。中国成功举办首届"一带一路"国际合作高峰论坛，与相关国家加强发展战

略对接，形成了共商共建共享的良好局面。共建"一带一路"倡议已成为拉动全球经济增长的重要引擎。

四、倡导构建人类命运共同体，促进全球治理体系变革

党的十八大以来，中国努力为完善全球治理贡献智慧，致力于推动国际秩序和全球治理体系朝着更加公正合理方向发展。习近平总书记提出推动构建人类命运共同体思想，呼吁各国人民同心协力，构建人类命运共同体，建设持久和平、普遍安全、共同繁荣、开放包容、清洁美丽的世界。构建人类命运共同体思想先后写入联合国社会发展委员会、安理会、人权理事会、联合国大会裁军与国际安全委员会等机构的决议中。中国积极践行共商共建共享的全球治理观，支持发展中国家在全球政治、经济、安全事务中获得更大发言权。习近平总书记提出构建创新、活力、联动、包容的世界经济，呼吁联手打造创新驱动的增长模式、开放共赢的合作模式、公正合理的治理模式、平衡普惠的发展模式，为解决人类社会面临的种种全球性挑战提出了中国方案。

二十国集团领导人杭州峰会闭幕，习近平主席指出"五个决心"

（新华社记者 卢哲/编制）

中国成功举办北京亚太经合组织领导人非正式会议、二十国集团领导人杭州峰会、首届"一带一路"国际合作高峰论坛、金砖国家领导人厦门会晤、博鳌亚洲论坛 2018 年年会、上海合作组织青岛峰会、2018 年中非合作论坛北京峰会和首届中国国际进口博览会等主场外交活动。同时，

习近平：开放共创繁荣 创新引领未来

中国积极参与联合国维和行动、推进联合国《2030 年可持续发展议程》、应对气候变化等国际发展与合作议程，不断增强国际社会应对共同挑战的能力。

五、捍卫国家主权安全利益，维护海外合法权益

党的十八大以来，我们始终把维护国家主权、安全放在第一位，在台湾、南海等一系列涉及我国重大核心利益的问题上，划出底线、捍卫底线，坚定维护国家领土主权和海洋权益，极大振奋了党心军心民心，也赢得了国际社会的广泛尊重。我们贯彻外交为民宗旨，构建完善海外权益保护体系，中国公民和企业的海外合法权益得到切实保障。

六、发挥外交资源优势，服务国内开放发展

近年来，外交部在服务国内开放发展方面积极主动作为。外交部为各省区市举办全球推介活动，让各省区市领导不出国门就能跟各国驻华使节交流对接，拓展合作机遇；各国驻华使节不出北京就能了解中国各地情况，深化与中国各地的交流合作。在驻外使领馆

和地方之间搭建信息渠道，及时给地方提供国际形势、产业动态、产能合作等重要信息。创新开展"外交外事知识进党校""外交外事知识进高校""外交外事服务走地方""外事管理服务走部委""外事服务进企业"等活动，送政策、送培训、送服务上门，现场研究问题，解决难题。

这些成就的取得，最根本在于有习近平总书记这个全党领袖的领航掌舵，在于以习近平同志为核心的党中央的坚强领导，在于习近平新时代中国特色社会主义思想的科学指引。这是中国外交始终屹立时代潮流最前沿，站在国际道义制高点，在世界大变局中牢牢把握战略主动，在新时代不断谱写新篇章的强大动力和根本保证。

第二节　新时代中国特色大国外交的历史方位

当前，世界正处于百年未有之大变局，中国特色社会主义进入新时代。中国与外部世界的利益交融不断扩大，融入国际体系的程度不断加深，前所未有地走近世界舞台中央，中国的前途命运日益紧密地同世界的前途命运联系在一起。这是中国特色大国外交所处的历史方位。中国特色大国外交将开启新的征程，为民族谋复兴、为世界谋共赢。

一、世界处于百年未有之大变局

（一）国际实力对比东升西降

东是指新兴市场和发展中国家。新兴市场和发展中国家的群体性崛起，是最近十几年来国际格局最重要的变化之一。新兴市场和发展中国家的经济总量，根据购买力平价计算，2014 年已经超过发达国家，到 2017 年占世界经济比重已经达到 58.2%。按现价法计算，2007 年至 2017 年，新兴市场和发展中国家占世界经济比重也上升了 11 个百分点，达到近 40%。

新兴市场和发展中国家的发言权不断提升。二十国集团取代七国集团成为国际经济金融治理的主平台，新兴市场和发展中国家及发达国家各占一半。新兴市场国家还创立金砖机制，设立亚投行、新开发银行等机构，依托上海合作组织（简称"上合组织"）、亚洲相互协作与信任措施会议（简称"亚信"）开展政治安全等方面的合作，国际地位不断提升，影响力持续扩大。

国际实力对比东升西降不断发展，给我国发展带来了重要的外部机遇。一是和平机遇，有利于我们维护世界和平。二是发展机遇，可以集中精力发展自己，推进我国对外开放。三是变革机遇，推动我国全面深化改革，推动全球治理体系改革。

同时也要看到，世界格局的变化是相当长的过程，发达国家在经济、金融、科技、军事等方面仍占有明显优势，在未来相当长的时期内，中国以及其他发展中国家仍将处于追赶和学习的过程。

（二）世界经济转型调整深入发展

2008 年国际金融危机以来，全球贸易和投资回升，世界经济增长动能加快转变，发展方式深刻转型，发展活力和潜力进一步释放。但同时贫富分化加大，贸易保护主义抬头，主要经济体货币政策转向，全球公共和私人债务高企等风险因素增加，部分新兴市场国家出现较大金融动荡，全球经济下行压力增大，不稳定性、不确定性突出。

世界已进入新一轮科技创新周期。由人工智能、大数据、物联网、机器人、区块链引领的第四次工业革命正在到来，人类社会正在迈入"智慧社会"，并将发生一场系统性的深刻变革。世界经济论坛主席施瓦布指出，第四次工业革命正在以前所未有的态势向我们席卷而来，发展速度之快、范围之广、程度之深丝毫不逊于前三次工业革命，它将数字技术、物理技术、生物技术有机融合在一起，迸发出强大的力量，影响着我们的经济和社会。

（三）国际安全形势乱变交织

热点问题高烧不退，地缘博弈多线并进，传统安全问题又引发一系列非传统安全挑战，两者复杂交织、联动升温。美俄矛盾明显上升、美欧分歧增大。中东陷入新一轮波动和震荡，叙利亚、伊朗等地区问题不断发酵。恐怖主义、网络安全、重大传染性疾病、气候变化等非传统安全威胁持续蔓延。美国宣布退出应对全球气候变化的《巴黎协定》，使全球生态保护的前景蒙上了阴影。

（四）国际思潮出现逆变

西方的制度、理念、发展和安全陷入多重困境，民众求新求变，民粹主义思潮泛滥。特朗普上台、英国"脱欧"、国际上右翼政党崛起等事件接踵而至。反建制、反精英、反全球化、反自由贸易、反移民等思潮的影响和声势日益扩大。民粹主义已经影响到西方的经济、政治、社会和文化的方方面面，给世界带来冲击和混乱。

二、中国进入新时代

(一) 中国综合国力显著提升

中国经济实力显著增强。2017 年,中国国内生产总值达到 827122 亿元人民币(超过 12 万亿美元),居世界第二位,约为日本的 2.5 倍、印度的 5 倍,约占全球经济总量的 15%;人均国内生产总值不断提高,2017 年约为 5.97 万元人民币(约 9000 美元);中国已经成为世界第一大货物贸易国、第二大服务贸易国,是近 130 个国家和地区的最大贸易伙伴和最大出口市场;2015 年中国对外投资总量首次超过吸引外资总量,成为资本净输出国;2016 年中国对外投资增长 44%,达到 1830 亿美元,成为世界第二大对外投资国;2017 年中国吸引外国直接投资 1440 亿美元,创历史新高,位居世界第二。中国已成为世界经济增长主要引擎,近些年对世界经济增长贡献率每年超过 30%。

中国国际竞争力和创新能力大幅度增强。天宫、蛟龙、天眼、悟空、墨子、大飞机等重大科技成果相继问世。据世界经济论坛 2018 年《全球竞争力报告》显示,中国在全球竞争力排行榜中保持第 28 位,是最具竞争力的新兴市场国家之一。

中国在国际社会的影响力日益提升。2018 年,中国在世界银行中的投票权上升为 4.45%,次于美国的 15.98% 和日本的 6.89%,位居世界第三;2018 年,中国在国际货币基金组织中的投票权上升为 6.09%,次于美国的 16.52% 和日本的 6.15%,位居世界第三。中国在亚投行、新开发银行等新建国际金融机构中占有重要地位。越来越多的中国人在国际组织中担任重要职务。

中国特色社会主义进入新时代,给世界上那些既希望加快发展又希望保持自身独立性的国家和民族提供了全新选择，拓展了发展中国家走向现代化的途径，越来越多的国家希望和我们加强治国理政交流。中国提出的全球治理观、正确义利观、发展观、安全观、合作观、全球化观、新型国际关系、人类命运共同体等一系列理念，日益受到国际社会的关注，得到越来越多国家的尊重和认可。

（二）中国与世界联系之紧密前所未有

中国融入国际体系的程度不断加深。中国与世界的命运已紧密相连。

中国形成了全方位、立体化、宽领域的对外开放格局。中国已

北京在奥林匹克公园为亚太经合组织第22次领导人非正式会议举行焰火表演

（新华社记者　罗晓光／摄）

经加入世界上几乎所有重要的国际经济与金融组织和多边经济机制。截至 2018 年 6 月，中国的贸易伙伴已经遍及 220 个国家和地区，签署涉及 24 个国家和地区的 16 个自贸协定，签订了超过 160 个双边经贸合作机制、超过 130 个双边投资协定。世界 500 强企业几乎全部来华投资，外商在华投资建立研发中心超过 1400 个。

中国全方位外交深入展开。到目前为止，中国同 170 多个国家建立了外交关系，与 100 多个国家及区域组织建立了不同形式的伙伴关系，与有关国家缔结 2 万多个双边条约，加入了 100 多个政府间国际组织和 500 多项国际公约，在联合国、世界贸易组织、二十国集团、金砖国家等多边机制中发挥着重要作用，是亚太经合组织、上合组织、亚信、东亚"10+3"合作机制、东亚峰会、博鳌亚洲论坛等区域性国际组织或机制的重要成员。

中国与世界各国的交流互鉴不断深化，人员往来日益密切。中国与相关国家建立了一大批文化交流机制，涉及影视、历史、旅游、高等教育等诸多领域。通过开办孔子学院、孔子课堂和设立中国文化中心及互办文化年等项目，使中国文化在很多国家广泛传播。中国还积极参加国际文化组织，在借鉴其他国家优秀经验的同时为世界文化发展作出了重要贡献。

（三）中国为国际社会作出越来越多贡献

中国积极承担国际责任。中国是联合国会费第二大出资国、联合国维和行动经费第二大出资国，也是安理会五个常任理事国中派出维和人员最多的国家。截至 2018 年底，我国先后参加 30 项联合国维和行动，累计派出维和人员 4 万余人次。中国积极参与反恐、打击海盗等国际合作。中国海军在亚丁湾、索马里海域护航行动常态化，与多国护航力量进行交流合作，拓展中外海上联演联训，共同维护国际海上通道安全。中国和上合组织其他成员国联合举行反恐军事演习，推动其实现机制化。中国积极推动朝鲜核问题、伊朗核问题、中东问题、叙利亚问题、阿富汗问题等地区热点问题的解决，为维护世界和平作出了重要贡献。中国积极参与全球治理规则制定，是国际法的坚定维护者和建设者。中国本着"共同但有区别的责任"原则，坚定支持《巴黎协定》，应对气候变化。中国是最早制定并实施应对气候变化国家方案的发展中国家，也是节能减排力度最大、新能源及可再生能源研发速度最快的国家之一，能源消耗强度持续多年下降。2017 年，清洁能源消费量占比已提高到 20.8%。

中国提出的共建"一带一路"倡议迄今已得到 140 多个国家与国际组织的支持和参与，一大批有影响力的标志性项目成功落地，成为当今世界规模最大的国际合作平台和各方普遍欢迎的全球公共产品。

中国积极开展对外援助工作。党的十八大以来，我国政府援建重大基础设施项目 300 余个，实施民生援助项目 2000 余个，为受援国培养各类人才近 40 万名，提供紧急人道主义援助 177 批次（累计受益人口超过 500 万人）。中国在国际维和行动、国际人道主义救援行动及国际教育、科技、人文交流活动中扮演着越来越重要的角色。

（四）外部环境对中国的影响显著增强

中国对世界影响显著提升的同时，外部环境的变化也牵动着国内改革发展稳定大局。

政治上，大国之间竞争的一面上升。美国明确以大国竞争为

"首要关切"，宣称中国和俄罗斯是其主要"战略竞争者"，释放出掀起大国竞争、加剧大国对抗的信号。西方国家利用规则制定权和议题设置权左右国际事务，影响中国利益，对于包括联合国在内的重要国际机制往往采取实用主义态度。而中国参与全球化进程的时间尚短，能力和经验与西方相比均有较大差距，缺少国际话语权，难以真正掌握国际体系改革的议题设置权。近年来，世界反全球化浪潮涌动，民粹主义与民族主义叠加泛起，美国及部分西方国家时常要求中国等发展中国家承担力所不能及的国际责任，中国往往成为一些国家矛盾外化的目标。

经济上，中国自身利益在全球体系中广泛分布。截至 2017 年底，中国境外资产总额超过 5 万亿美元。中国在国外的直接投资多数位于落后及不稳定地区，地区政治与安全形势一旦发生动荡，对中国海外利益影响巨大。

中国在能源资源、高技术产品、金融等方面对外依存度高，容易受到国际市场或政治形势波动影响。2017 年，中国进口原油近 4.2 亿吨，对外依存度高达 70% 左右；进口天然气 1160 亿立方米，对外依存度 44%。中国从中东进口的原油及液化气占比较高，地区安全形势对价格及供给影响较大。管道气进口渐趋多元化，但管道安全运营保障机制欠完善。西方国家尤其是美国在高技术领域对我国的管控和防范日益严峻。美元、欧元依然是世界主要流通和储备货币，美欧的货币政策和金融形势对我国金融稳定仍有较大影响。我国在国际货币基金组织、世界银行中投票权占比与我国实际经济金融体量仍不匹配。

中国企业面临的经贸摩擦逐年增加。随着中国实力增长突破西方国家心理承受临界点，中国与其利益碰撞增多，美欧针对中国的投资及贸易限制措施增多。中国制造业竞争力快速提升，对部分国家的产业结构、劳动力市场和对外贸易产生一定程度的冲击。中国已连续多年成为遭受反倾销调查最多的国家。

安全上，安全领域威胁层出不穷，安全问题的联动性、跨国性、多样性更加突出，传统安全和非传统安全问题相互交织，恐怖主义、网络安全等非传统安全挑战对中国的影响加深。恐怖组织利用全球化、信息化的发展，不断传播暴力极端思想，恐怖活动更加隐蔽多样，中国面临更大反恐压力。互联网安全已经涉及各国国家安全的方方面面，网络安全形势严峻。随着对外开放的深入和"走出去"步伐的加快，海外中国公民越来越多，领事保护任务更加繁重。

意识形态上，外部势力对中国渗透加剧，对中国国际话语权的抵制增强。近年来，极端主义、恐怖主义及邪教思想等有害信息通过网络交流和人员往来等方式流入我国境内，一些境外人员在我国非法传教，部分境外非政府组织传播其价值理念，并通过网络平台发布不实信息和虚假案例，图谋侵蚀我意识形态基础。部分西方国家提出"锐实力"概念，炮制"中国意识形态威胁论"，诬称我国正以经济合作、人文交流等方式输出中国模式，企图改造他国政治制度、影响他国政治局势，借以打压中国国际影响力。

（五）中国基本国情和国际地位没有根本性变化

党的十九大报告指出，我国仍处于并将长期处于社会主义初级阶段的基本国情没有变，我国是世界最大发展中国家的国际地位没有变。这是中国特色大国外交必须要把握的历史方位。改革开放40年，中国发生了翻天覆地的变化，人均国内生产总值虽然超过9000美元，但仅仅是美国的1/7、欧盟的1/4，在世界上排到70

多位，人均自然资源占有量远低于世界平均水平。中国还有相当数量的贫困人口，到 2020 年实现全面小康，任务依然艰巨。中国城乡、地区差距仍然很大，发展水平总体还处在从中低端向中高端过渡阶段。中国既是一个世界性综合实力很强的大国，又是一个人均收入较低、世界上最大的发展中国家，发展仍是第一要务。为此党的十九大报告明确指出，全党要牢牢把握社会主义初级阶段这个基本国情，为把我国建设成为富强民主文明和谐美丽的社会主义现代化强国而奋斗。

三、中国特色大国外交是时代选择

中国外交站在了新的历史起点上，中国与世界的关系正揭开新的历史篇章。在此形势下，在 2014 年召开的中央外事工作会议上，习近平总书记明确指出，中国必须有自己特色的大国外交。我们要在总结实践经验的基础上，丰富和发展对外工作理念，使我国对外工作有鲜明的中国特色、中国风格、中国气派。

中国特色大国外交，贵在"特色"二字上，旨在走出一条与传统大国不同的强国之路。

一是旗帜鲜明地坚持得到中国人民广泛拥护的社会制度、发展道路、文化传统和价值观念，始终不渝地坚持中国共产党的领导和中国特色社会主义。这是中国外交的根基所在。

二是坚持独立自主和平外交方针、和平共处五项原则以及不干涉别国内政等优良传统，同时要与时俱进，不断对此加以完善、丰富和发展。

三是坚持把国家和民族发展放在自己力量的基点上，坚定不移走自己的路，走和平发展道路，同时决不能放弃我们的正当权益，决不能牺牲国家核心利益。

四是坚持主持公道、伸张正义、践行平等等特有理念。这些理念既反映了中华文明的优秀传统，又体现了社会主义制度的本质要求，也有助于更好维护发展中国家的整体利益，不断推动国际关系的民主化进程。

五是坚持为国内发展和改革开放服务的第一要务。中国是世界第二大经济体，同时又是一个典型的发展中国家，这是我们与其他大国的重要区别。中国的外交必须紧紧围绕国内发展这个大局，为此营造更为稳定、更加友善的外部环境。

在习近平总书记亲自擘画运筹下，中国特色大国外交全面展开，在推动构建新型国际关系中弘扬中国理念、在深化全方位对外交往中开展中国实践、在为促进世界共同发展中作出中国贡献、在为解决全球热点问题中发挥中国作用等方面取得一系列新的重大进展。

四、新时代赋予中国特色大国外交新使命

党的十九大报告指出，中国特色社会主义进入新时代，意味着近代以来久经磨难的中华民族迎来了从站起来、富起来到强起来的伟大飞跃，迎来了实现中华民族伟大复兴的光明前景；意味着科学社会主义在 21 世纪的中国焕发出强大生机活力，在世界上高高举起了中国特色社会主义伟大旗帜；意味着中国特色社会主义道路、理论、制度、文化不断发展，拓展了发展中国家走向现代化的途径，给世界上那些既希望加快发展又希望保持自身独立性的国家

和民族提供了全新选择，为解决人类问题贡献了中国智慧和中国方案。

报告还指出，这个新时代是承前启后、继往开来、在新的历史条件下继续夺取中国特色社会主义伟大胜利的时代，是决胜全面建成小康社会、进而全面建设社会主义现代化强国的时代，是我国日益走近世界舞台中央、不断为人类作出更大贡献的时代。中国特色社会主义进入新时代，在中华人民共和国发展史上、中华民族发展史上具有重大意义，在世界社会主义发展史上、人类社会发展史上也具有重大意义。

习近平总书记在党的十九大报告中对新时代中国特色大国外交进行了全面阐述，作出了顶层设计，指明了前进方向。习近平总书记强调，中国共产党是为中国人民谋幸福的政党，也是为人类进步事业而奋斗的政党。中国共产党始终把为人类作出新的更大的贡献作为自己的使命。新时代中国特色大国外交的使命，就是要为中国人民谋幸福而尽责，为人类进步事业而担当。一方面，更加积极有为地为国内发展服务，为实现"两个一百年"奋斗目标、实现中华民族伟大复兴的中国梦提供有力支持；另一方面，要推动建设新型国际关系、构建人类命运共同体，要更加积极主动地为世界作贡献，通过开展互利合作促进各国共同发展，在国际事务中发挥好负责任大国作用，在力所能及范围内为国际社会提供更多公共产品，为人类进步事业作出更大的贡献。

新时代中国特色大国外交要统筹国内国际两个大局，牢牢把握服务民族复兴、促进人类进步这条主线，以更加宽广的视野、更加周密务实的布局、更自信的心态、更自觉的担当、更积极的姿态，拿出新作为，展现新气象，不断开创中国特色大国外交新局面，奋力谱写中国特色大国外交新篇章，更好地造福中国人民和世界各国人民，完成新时代赋予的历史使命。

[延伸阅读]

中国继续扩大开放

在博鳌亚洲论坛 2018 年年会上，习近平主席宣布了 4 条扩大开放举措：一是大幅度放宽市场准入，二是创造更有吸引力的投资环境，三是加强知识产权保护，四是主动扩大进口。习近平主席强调："我刚才宣布的这些对外开放重大举措，我们将尽快使之落地，宜早不宜迟，宜快不宜慢，努力让开放成果及早惠及中国企业和人民，及早惠及世界各国企业和人民。"

海外专家学者和媒体认为，在国际贸易保护主义抬头的背景下，习近平主席的演讲为世界指明方向、注入正能量，彰显了中国坚持对外开放、倡导合作共赢以及推进经济全球化的坚定决心和大国担当。当今世界，和平合作的潮流滚滚向前，妄自尊大或独善其身只能四处碰壁，唯有坚持和平发展、携手合作，才能真正实现共赢、多赢。开放融通的潮流滚滚向前，开放带来进步，封闭必然落后，推进互联互通、加快融合发展成为促进共同繁荣发展的必然选择。变革创新的潮流滚滚向前，谁排斥变革，谁拒绝创新，谁就会落后于时代，谁就会被历史淘汰。只有与时俱进、革故鼎新，才能推动人类社会向前发展。

开放是最宽广的胸怀，共赢是最高超的智慧。坚持对外开放的基本国策，坚持打开国门搞建设，中国的立场和行动一以贯之。从推进"一带一路"建设，到推动构建开放型世界经济，中国不打地缘博弈小算盘，不搞封闭排他小圈子，不做凌驾于人的强买强卖，与各国共商共建共享，坚持走开放融通、互利共赢之路。"屹然砥柱立中流"，在单边主义和贸易保护主义抬头、多边贸易体制遭遇挑战的形势下，中国作为世界第二大经济体、第一大货物贸易国，高举贸易投资自由化旗帜，推动经济全球化朝着更加开放、包容、普惠、平衡、共赢的方向发展，用实际行动为国际贸易增长和世界经济发展提供了有力支撑，必将惠及世界各国企业和人民。

中国参与联合国维和行动，传递中国人民的大爱

为了从战火回到和平，中国维和警察付出的绝不仅仅是执行维和任务时洒下的汗水。孙东兴是江苏省徐州市鼓楼公安分局的一名民警。在异国他乡苏丹有一个警察局，以他的名字来命名。赴苏丹维和期间，经济条件并不宽裕的孙东兴累计捐赠15000美元，帮助苏丹西扎加勒河州（今位于南苏丹境内）重建警察局。

州警察厅厅长佛朗西斯将军感动地说："对于你的无私帮助，我们无以回报，只有以中国人的名字命名这个警察局才能表达我们的谢意，苏丹人民要让中国人民的友情永远留在苏丹大地上。"

在国外，中国维和警察将"爱民固边"的工作经验进一步延伸，中国人民的大爱，化作一段段感人的故事，在不同肤色、不同语言的人民中广为传颂。中国防暴队的执勤车成了海地群众眼中的流动医疗救助站。第七支赴海地维和警察防暴队有一个特别规定：医生必须每天跟勤，其他勤务组上勤前也必须携带医药用品，一来以备队员不时之需，更重要的是能为那些无辜受伤的当地群众提供医疗救助。曾有一个8岁的海地小男孩被石块砸伤头部，在接受了中国防暴队员们第一次医疗救助后，因为无钱继续治伤，他的妈妈带着他连续5天在同一地点等待中国防暴车的出现。再次相遇并了解情况后，队员们坚持每天到他们家为小男孩处理伤口，直到痊愈。中国维和警察文明友好、助人为乐的亲民之举，也迎来了当地人民最真诚的回应。

第八支赴海地维和警察防暴队的队员们都还记得，生前担任联络官的和志虹烈士，在营区办了一个汉语学习班。每个周日的下午，防暴队营地总能听到海地孩子们琅琅的读书声。"尊敬的和老师，刚经历了动乱，见了太多罪恶，在中国防暴队这里，我们从内心深处感受到，这是最快乐的一天。"一次课上，作为班长的海地大学生乔依眼含热泪说:"谢谢中国老师教我们学习,让我们看到了未来的希望。"

～ 本章小结 ～

党的十八大以来,中国全方位外交布局深入展开,实施共建"一带一路"倡议,主场外交成果丰硕,推动构建人类命运共同体,引领国际秩序与全球治理体系变革,中国外交取得了举世瞩目的历史性成就。世界处于大发展大变革大调整时期,中国特色社会主义进入新时代。中国日益走近世界舞台中央,与世界的联系日益紧密,机遇前所未有,挑战前所未有。

【重要术语解释】

1. **和平共处五项原则**:和平共处五项原则(互相尊重主权和领土完整、互不侵犯、互不干涉内政、平等互利、和平共处)是由中国政府提出,并与印度和缅甸政府共同倡导的在建立各国间正常关系及进行交流合作时应遵循的基本原则。1955年在印度尼西亚万隆召开的亚非会议上,和平共处五项原则得到了引申和发展,并被吸纳进会议通过的处理国际关系的十项原则之中。自问世以来,和平共处五项原则不仅在中国同世界各国签署的条约、公报、宣言、声明等双边关系文件中得到确认,也在许多重要的国际会议和一系列国际文件中不断被引用或重申，已成为超越社会制度和意识形态发展国家关系的基本原则。

2.“**金砖+**”：金砖国家合作秉持开放理念。从 2013 年开始，历届金砖国家领导人会晤均由东道国邀请一些非金砖国家进行对话交流。中国总结以往的成功做法，在 2017 年担任金砖国家轮值主席国期间，概括并提出“金砖+”模式。“金砖+”的宗旨是加强金砖国家同其他新兴市场和发展中国家的联络、互动、对话及合作，推动更为广泛的伙伴关系，促进更大范围的共同发展。“金砖+”的理念是开放包容、合作共赢。“金砖+”模式符合各国共同利益，将充分释放金砖合作的生命力，不断拓展金砖合作的影响力，为促进世界经济增长、完善全球治理、推动国际关系民主化注入更多的正能量。

【思考题】

1. 为什么说世界处于百年未有之大变局？
2. 中国特色大国外交的特色体现在哪里？
3. 新时代中国特色大国外交的使命和目标是什么？
4. 新形势下中国对外工作的机遇和挑战是什么？

第二章
习近平外交思想的核心要义

第一节　习近平外交思想的丰富内涵

党的十八大以来，面对国际形势风云变幻，以习近平同志为核心的党中央在推进新时代中国特色社会主义伟大事业的历史进程中，领导我国对外工作攻坚克难、砥砺奋进，走出了一条中国特色大国外交新路，为实现"两个一百年"奋斗目标、实现中华民族伟大复兴的中国梦营造了良好外部环境，为人类进步事业、为推动构建人类命运共同体作出了巨大贡献。在波澜壮阔的外交实践中，习近平总书记牢牢把握中国和世界发展大势，深刻思考人类前途命运，提出了一系列富有中国特色、体现时代精神、引领人类发展进步潮流的新理念新主张新倡议，形成了习近平新时代中国特色社会主义外交思想，即习近平外交思想。

2018 年 6 月 22 日至 23 日，中央外事工作会议在北京召开。这是在世界大发展大变革大调整进入关键时期、中国特色社会主义进入新时代的大背景下召开的一次历史性会议。会议确立了习近平外交思想的指导地位，对全面贯彻落实党的十九大精神和部署、深入推进新时代对外工作具有重大而深远的意义。

谱写中国特色大国外交新篇章

习近平外交思想以"十个坚持"为总体框架和核心要义，明确了新时代我国对外工作的历史使命、总目标、重点任务和必须坚持的一系列方针原则，深刻揭示了新时代中国特色大国外交的本质要求、内在规律和前进方向。

一、坚持以维护党中央权威为统领加强党对对外工作的集中统一领导

这是做好对外工作的根本保证。习近平总书记强调，办好中国的事情，关键在党。中国共产党的领导，既是中国特色社会主义的最本质特征，也是最大优势，更是我们应对各种内外复杂形势的根本保障。要在错综复杂的国际形势中始终掌握主动，必须坚持外交大权在党中央。要增强政治意识、大局意识、核心意识、看齐意识，坚决维护习近平总书记党中央的核心、全党的核心地位，坚决维护党中央权威和集中统一领导，自觉在思想上政治上行动上同以习近平同志为核心的党中央保持高度一致，确保令行禁止、步调统一。对外工作是一个系统工程，要根据党中央统一部署，加强谋篇布局，突出重点，调动各方面力量共同参与和推动国家总体外交，政党、政府、人大、政协、军队、地方、民间等要强化统筹协调，各有侧重，相互配合，形成党总揽全局、协调各方的对外

工作大协同局面，确保党中央对外方针政策和战略部署落到实处，推动对外工作不断开创新局面。

二、坚持以实现中华民族伟大复兴为使命推进中国特色大国外交

这是新时代赋予对外工作的历史使命。习近平总书记提出中国梦重要思想并赋予其深刻内涵，强调中国人民的梦想同各国人民的梦想息息相通，实现中国梦离不开和平的国际环境和稳定的国际秩序。做好新时代对外工作，必须统筹国内国际两个大局，牢牢把握服务民族复兴、促进人类进步这条主线，为全面深化改革和对外开放提供全方位、全覆盖、高质量的服务，争取更多理解支持。要坚持贯彻以人民为中心的外交理念，将中国发展同世界发展更好地结合起来，为实现中国人民和世界人民对美好生活的向往而奋斗。

三、坚持以维护世界和平、促进共同发展为宗旨推动构建人类命运共同体

这是新时代对外工作的总目标。习近平总书记指出，中国将高举和平、发展、合作、共赢的旗帜，恪守维护世界和平、促进共同发展的外交政策宗旨，坚定不移在和平共处五项原则基础上发展同各国的友好合作，推动建设相互尊重、公平正义、合作共赢的新型国际关系。各国人民要同心协力，构建人类命运共同体，建设持久和平、普遍安全、共同繁荣、开放包容、清洁美丽的世界。要相互尊重、平等协商，坚决摒弃冷战思维和强权政治，走对话而不对

抗、结伴而不结盟的国与国交往新路。要坚持以对话解决争端、以协商化解分歧,统筹应对传统和非传统安全威胁,反对一切形式的恐怖主义。要同舟共济,促进贸易和投资自由化便利化,推动经济全球化朝着更加开放、包容、普惠、平衡、共赢的方向发展。要尊重世界文明多样性,以文明交流超越文明隔阂、文明互鉴超越文明冲突、文明共存超越文明优越。要坚持环境友好,合作应对气候变化,保护好人类赖以生存的地球家园。

四、坚持以中国特色社会主义为根本增强战略自信

这是新时代对外工作必须遵循的根本要求。习近平总书记强调,对外工作要坚持战略自信和保持战略定力,要贯彻落实总体国家安全观,增强全国人民对中国特色社会主义的道路自信、理论自信、制度自信、文化自信,维护国家长治久安。"四个自信"是我们的力量之源和信念之基,体现了新时代中国的国家意志、民族精神和国际形象。中国特色社会主义道路、理论、制度、文化不断发展,为解决人类问题贡献了中国智慧和中国方案。要始终高举中国特色社会主义伟大旗帜,赋予对外工作根和魂,中国特色大国外交之路将越走越宽广。

五、坚持以共商共建共享为原则推动"一带一路"建设

这是我国今后相当长时期对外开放和对外合作的管总规划,也是构建人类命运共同体理念的重要实践平台。习近平总书记准确把握我国对外开放内外环境新变化,提出共建"一带一路"倡

议，坚定不移推进新一轮高水平对外开放。"一带一路"根植于历史，面向未来；源于中国，机会和成果属于世界。要通过"一带一路"建设，加强同有关国家的政策沟通、设施联通、贸易畅通、资金融通、民心相通，使共商共建共享进一步转化为多赢共赢的合作成果。要弘扬丝路精神，同各国分享共同发展的机遇，开辟共同发展的前景。要坚持在开放中合作，在合作中共赢，不画地为牢，不设高门槛，不搞排他性安排，反对保护主义。要携手应对世界经济面临的挑战，开创发展新机遇，谋求发展新动力，拓展发展新空间，实现优势互补、互利共赢，不断朝着人类命运共同体方向迈进。

六、坚持以相互尊重、合作共赢为基础走和平发展道路

这是中国外交必须长期坚持的基本原则。坚持独立自主的和平外交政策，始终不渝走和平发展道路，始终不渝奉行互利共赢的开放战略，这是我们根据自身国情和根本利益作出的战略抉择。没有和平，中国和世界都不可能顺利发展；没有发展，中国和世界也不可能有持久和平。中国走和平发展道路，其他国家也都要走和平发展道路，只有各国都走和平发展道路，各国才能共同发展，国与国才能和平相处。习近平总书记指出，要坚持不干涉别国内政原则，坚持尊重各国人民自主选择的发展道路和社会制度，坚持通过对话协商以和平方式解决国家间的分歧和争端，反对动辄诉诸武力或以武力相威胁。要推动建立新型国际关系，把合作共赢理念体现到政治、经济、安全、文化等对外合作的方方面面。

七、坚持以深化外交布局为依托打造全球伙伴关系

这是新时代中国外交的重要内涵。要推进大国协调和合作，构建总体稳定、均衡发展的大国关系框架。按照亲诚惠容理念和与邻为善、以邻为伴周边外交方针，深化同周边国家关系。我们要深化同发展中国家团结合作，推动形成携手共进、共同发展新局面，坚持正确义利观，做好同发展中国家团结合作的大文章。要积极做好多边外交工作，不断深化和完善外交布局，推动中国同世界深入交流、互学互鉴，加强同各国政党和政治组织的交流合作，推进人大、政协、军队、地方、人民团体等的对外交往。要打造全方位、多层次、立体化的全球伙伴关系网络，形成遍布全球的"朋友圈"。

八、坚持以公平正义为理念引领全球治理体系改革

这是新时代中国外交的重要努力方向。全球治理体系正处在深刻演变的重要阶段，全球治理日益成为我国对外工作的前沿和关键问题。我们要抓住契机，勇担重任，积极推动构建更加平衡、反映大多数国家意愿和利益的全球治理体系。要高举构建人类命运共同体旗帜，推动全球治理体系朝着更加公正合理的方向发展。要秉持共商共建共享的全球治理观，倡导国际关系民主化，坚持国家不分大小、强弱、贫富一律平等，支持联合国发挥积极作用，支持扩大发展中国家在国际事务中的代表性和发言权。要发挥负责任大国作用，积极参与全球治理体系改革和建设，不断贡献中国智慧和力量。

九、坚持以国家核心利益为底线维护国家主权、安全、发展利益

这是对外工作的出发点和落脚点。必须坚决维护中国共产党领导和中国特色社会主义制度，坚决捍卫国家主权、安全、领土完整，坚决遏制和打击一切形式的分裂行径，积极保障经济金融安全，有效维护海外利益。要不断丰富和发展维护国家利益的方式手段，有效防范和化解各种风险挑战，为改革发展和民族复兴保驾护航。习近平总书记指出，"中国不觊觎他国权益，不嫉妒他国发展，但决不放弃我们的正当权益"，"任何外国不要指望我们会拿自己的核心利益做交易，不要指望我们会吞下损害我国主权、安全、发展利益的苦果"。

十、坚持以对外工作优良传统和时代特征相结合为方向塑造中国外交独特风范

这是中国外交的精神标识。中华民族是爱好和平的民族，具有坚韧不拔的精神品质和天下为公的世界情怀。新中国成立以来，我们形成了以独立自主、和平发展、合作共赢为鲜明特色的外交传统。进入新时代，对外工作展现出与时俱进、奋发有为、开拓进取的崭新风貌，形成了一整套行之有效的战略思想和策略方法。我们要弘扬优良传统，不断丰富发展外交方略，把中国特色大国外交推向更高境界。

第二节　习近平外交思想的重大意义

习近平外交思想是新时代我国对外工作的根本遵循和行动指南，是指导我们科学研判国际形势、提升谋划能力、扎实做好对外工作的强大思想武器。

一、习近平外交思想是外交领域的重大理论成果

习近平外交思想用马克思主义立场、观点、方法指导解决中国外交面临的新课题，科学回答了什么是中国特色大国外交、如何开展中国特色大国外交等重大问题，明确了新形势下对外工作的指导思想、基本原则、主要任务、战略策略、机制保障，是习近平新时代中国特色社会主义思想在外交领域的重大理论成果。

习近平外交思想深刻地回答了新时代的中国要与世界建立什么样的关系以及如何构建这种关系的重大问题。从坚持统筹国内国际两个大局到坚持以维护世界和平、促进共同发展为宗旨推动构建人类命运共同体，从倡导构建新型国际关系到打造全球伙伴关系，从坚持以共商共建共享为原则推动"一带一路"建设到坚持以公平正义为理念引领全球治理体系改革，从服务民族复兴到促进人类进步，从向世界承诺坚持走和平发展道路到呼吁其他国家也走和平发展道路等，这一系列思想都是着眼于把中国发展与世界的共同发展结合起来，把中国人民的根本利益与人类社会的长远利益统一起来，把实现中国梦与实现世界梦联系起来，努力在中国与世界的良性互动中实现自身发展，推动形成一种新型的中国与世界关系。

习近平外交思想推动了国际关系理论与实践创新发展。习近平总书记提出一系列具有鲜明中国特色的外交理念，如全球治理观、正确义利观、发展观、安全观、合作观、全球化观等，突破了非友即敌、结盟或对抗的冷战思维，为世界各国摒弃冷战思维、超越零和博弈，实现和平共处、互利共赢提供了思想引领，为当今世界处理国与国关系提供了新模式。习近平总书记把中国发展和世界共同发展有机结合，从古代丝绸之路精神中汲取营养，创造性地提出了共建"一带一路"倡议，为中国和世界共享发展机遇创建了新平台，为国际合作开辟了新模式。习近平外交思想是对中国传统外交思想的超越，也是对传统国际关系理论的超越，既蕴含着中国智慧，也针对人类面临的共同问题提供了中国方案，把中国特色大国外交推进到新高度、新境界。

二、指导我们科学研判国际形势

（一）认清并顺应世界发展潮流

习近平总书记强调，认识世界发展大势，跟上时代潮流，是一个极为重要并且常做常新的课题。中国要发展，必须顺应世界发展潮流。要树立世界眼光、把握时代脉搏，要把当今世界的风云变幻看准、看清、看透，从林林总总的表象中发现本质，尤其要认清长远趋势。既要把握世界多极化加速推进的大势，又要重视大国关系深入调整的态势。既要把握经济全球化持续发展的大势，又要重视世界经济格局深刻演变的动向。既要把握国际环境总体稳定的大势，又要重视国际安全挑战错综复杂的局面。既要把握各种文明交流互鉴的大势，又要重视不同思想文化相互激荡的现实。

（二）认识并把握重要战略机遇期

习近平总书记指出，当今世界是一个变革的世界，是一个新机遇新挑战层出不穷的世界，是一个国际体系和国际秩序深度调整的世界，是一个国际力量对比深刻变化并朝着有利于和平与发展方向变化的世界。我们看世界，不能被乱花迷眼，也不能被浮云遮眼，而要端起历史规律的望远镜去细心观望。综合判断，我国发展仍处于并将长期处于重要战略机遇期。我们最大的机遇就是自身不断发展壮大，同时也要重视各种风险和挑战，善于化危为机、转危为安。

（三）认识并把握"历史交汇期"和"世界转型过渡期"

习近平总书记指出，从十九大到二十大，是"两个一百年"奋斗目标的历史交汇期。纵观人类历史，世界发展从来都是各种矛盾相互交织、相互作用的综合结果。我们要深入分析"世界转型过渡期"国际形势的演变规律，准确把握"历史交汇期"我国外部环境的基本特征，统筹谋划和推进对外工作。

三、指导我们提升思想认识

（一）把握国际形势要树立正确的历史观、大局观、角色观

正确的历史观，就是不仅要看现在国际形势什么样，而且要端起历史望远镜回顾过去、总结历史规律，展望未来、把握历史前进大势。正确的大局观，就是不仅要看到现象和细节怎么样，而且要把握本质和全局，抓住主要矛盾和矛盾的主要方面，避免在林林总总、纷纭多变的国际乱象中迷失方向、舍本逐末。正确的角色观，

就是不仅要冷静分析各种国际现象，而且要把自己摆进去，在我国同世界的关系中看问题，弄清楚在世界格局演变中我国的地位和作用，科学制定我国对外方针政策。要充分认识到，当前我国处于近代以来最好的发展时期，世界处于百年未有之大变局，两者同步交织、相互激荡。做好当前和今后一个时期对外工作具备很多国际有利条件。

（二）提升创新思维

习近平外交思想具有开拓创新的思维特征。习近平总书记牢牢把握改革开放是当代中国最鲜明的特色，坚持把马克思主义基本原理同当代中国实际紧密结合，勇于推进理论创新、实践创新。习近平外交思想继往开来，既蕴含着中华优秀传统文化和哲学智慧，又丰富和发展了新中国外交思想和外交战略，开创了中国特色大国外交理论体系。

（三）提升战略思辨能力

习近平外交思想富含深刻的战略智慧。习近平总书记始终坚持站在战略高度，观大势、谋大局，深刻辨析中国外部环境中的机遇和挑战，坚持统筹国内国际两个大局，统筹发展安全两件大事，通盘谋划、整体推进大国、周边、发展中国家及多边合作等对外工作。习近平总书记提出一整套外交战略策略指导原则，既重视顶层设计和战略谋划，也注重实际操作和策略运筹，善于牵住"牛鼻子"，善于弹好钢琴，实现了原则的坚定性和策略的灵活性的有机结合。

（四）增强使命意识

习近平外交思想包含着强烈的使命意识。习近平总书记以高度的历史使命感和非凡的政治气魄，引领走好我们这一代人的长征路，向着实现"两个一百年"奋斗目标和中华民族伟大复兴的中国梦不断前行。习近平总书记以大国领袖的责任担当，深入思考"建设一个什么样的世界、如何建设这个世界"等关乎人类前途命运的重大课题，勇于提供中国方案，作出中国贡献。

四、指导我们做好对外工作

当今世界正处在大发展大变革大调整时期，中国外交面临着前所未有的机遇和挑战。我们要牢固树立"四个意识"，坚定理想信念和责任担当，自觉在思想上政治上行动上同以习近平同志为核心的党中央保持高度一致，深入贯彻习近平外交思想，统筹国内国际两个大局，牢牢把握服务民族复兴、促进人类进步这条主线，推动我国对外工作不断迈上新台阶，为实现"两个一百年"奋斗目标和中华民族伟大复兴的中国梦营造良好的外部环境，为推动人类和平与发展进步事业作出新的重要贡献。

（一）紧紧围绕党和国家中心工作，加强对外战略统筹谋划

我们要牢固树立大局意识，聚焦党和国家中心工作，勇于担当作为，全面服务国内改革发展稳定大局。深入总结对外工作的成功经验，加强对国际形势的跟踪研判，不断深化对中国特色大国外交

的规律性认识。坚持稳中求进工作总基调，巩固提升我国主动有利的战略地位。坚持推进外交理论和实践创新，为国际社会贡献更多中国智慧和力量。深入推进新时代对外工作，有效应对和处理各种问题和挑战，不断展现中国特色大国外交的新气象新作为。

（二）努力深化对外战略全方位布局，营造更加和平稳定的外部环境

我们要坚持在和平共处五项原则基础上同各国发展友好合作，构建全球伙伴关系网络；要加强大国协调与合作，不断扩大利益汇合点，构筑总体稳定的大国关系架构；要坚持亲诚惠容理念，不断深化与周边国家睦邻友好合作，努力夯实周边战略依托；要弘扬正确义利观，不断拓展南南合作新内涵，增强同发展中国家互信、团结与合作。

（三）扎实推进"一带一路"建设，拓展对外开放新格局

我们要以首届"一带一路"国际合作高峰论坛成功召开为契机，秉持共商共建共享理念，推动落实高峰论坛达成的共识与成果；深化互利共赢开放战略，推进形成更加宽广多元的对外开放格局；积极维护多边贸易体制主渠道地位，促进国际贸易和投资自由化便利化，反对一切形式的保护主义，全力推动构建开放型世界经济。

（四）深度参与全球治理，推动建立更加公正合理的国际政治经济新秩序

我们要倡导并践行新型全球治理观，维护联合国在处理国际和平与安全事务中的核心地位和主渠道作用，支持二十国集团、亚太

经合组织等发挥积极作用，推动国际秩序和全球治理体系朝着更加公正合理的方向发展；加强金砖机制建设，提升新兴市场国家和发展中国家在全球治理体系中的话语权。

（五）有效强化底线思维，维护国家主权、安全和发展利益

维护国家核心利益是中国外交的神圣使命。我们要坚持将维护国家利益作为对外工作的基本出发点和落脚点，坚定捍卫自身领土主权和正当海洋权益；坚持一个中国原则，坚决反对和遏制"台独"分裂图谋，推进祖国统一；加强反恐、网络和执法等领域国际合作，维护和促进国家安全；完善构建高效有力的海外利益保护体系，切实保障我国公民和企业在海外的合法权益。

（六）积极做好政策宣示和公共外交，不断提升我国道义感召力

我们要坚定"四个自信"，积极开展治国理政经验交流，深入阐释中国特色社会主义理论和方略；大力宣介中国坚持走和平发展道路和推动构建人类命运共同体的深刻内涵，努力提出解决热点问题的新理念、新倡议、新方案，彰显负责任大国形象；倡导不同文明对话，增进社会人文交流，让中国梦同世界各国人民的美好梦想"美美与共"。

（七）强化队伍建设，进一步提高对外工作能力和水平

加强对外工作干部队伍建设是一项重大政治任务。我们要按照习近平总书记提出的"四个永葆"的总要求，建设一支忠于党、忠于国家、忠于人民，政治坚定、业务精湛、作风过硬、纪律严明的对外工作队伍。要大兴学习之风、调查研究之风，完善知识结构、知识储备，提升专业能力和综合素质。要改善驻外人员工作生活条件，把党中央的亲切关怀转化为对外工作战线干事创业的强大动力。

（八）狠抓贯彻落实，确保党中央的战略部署落到实处

习近平总书记多次强调，一分部署，九分落实。各部门、各地方要根据职责分工，发挥主动性创造性，加强分工协作、相互配合，不折不扣贯彻落实党中央对外大政方针和决策部署。根据党中央统一部署，搞好对外工作体制机制改革推进落实，加强驻外机构党的建设，形成适应新时代要求的驻外机构管理体制，为对外工作不断提质增效提供有力支撑。

[延伸阅读]

习近平主席在瑞士的两场演讲彰显中国理念

2017年初，习近平主席访问瑞士，分别在达沃斯和日内瓦发表重要演讲，紧扣时代命题，提出中国方案，贡献中国智慧，在国际关系演变的历史进程中镌刻下中国特色大国外交的深深烙印。

习近平主席出席达沃斯世界经济论坛2017年年会开幕式，发表题为《共担时代责任 共促全球发展》

的主旨演讲，强调要坚定不移推进经济全球化，引导好经济全球化走向，打造富有活力的增长模式、开放共赢的合作模式、公正合理的治理模式、平衡普惠的发展模式，牢固树立人类命运共同体意识，共同担当，同舟共济，共促全球发展。习近平主席以应对全球挑战为主线，重点回答了"世界怎么了""我们怎么办""中国怎么做"等核心问题，引导有关经济全球化的讨论聚焦休戚与共、携手合作、共克时艰，树立了中国作为世界发展正能量的积极形象。习近平主席的演讲赢得与会人士阵阵掌声。各方均高度评价习近平主席向世界传递的重要和积极信息，认为习近平主席的"历史性"演讲正当其时，为冬季的达沃斯带来了阳光，为各界增添了信心，指出中国正在为全球治理发挥越来越重要的引领作用，国际社会应欢迎中国提出的原则和倡议，中国梦与世界梦已日益联系在一起。

习近平主席在日内瓦万国宫出席"共商共筑人类命运共同体"高级别会议，并发表题为《共同构建人类命运共同体》的主旨演讲，从历史和哲学高度解答人类从哪里来、现在在哪里、将到哪里去的基本问题，明确提出"构建人类命运共同体，实现共赢共享"的中国方案，倡导努力建设持久和平、普遍安全、共同繁荣、开放包容、清洁美丽的世界，为人类社会进步与发展描绘了蓝图，为国际体系变革与完善指明了道路，体现出中国与国际社会同呼吸共命运、将自身发展同各国共同发展有机结合的高度自觉。与会人士交口称赞习近平主席对人类社会发展潮流的前瞻性思考，认为中国正在成为国际体系变革中最积极的因素，正在成为推动全球治理改革中最活跃的动力。

这两场足以载入史册的著名演讲，绽放了习近平外交思想的智慧光芒，受到了国际社会的欢迎和赞誉，产生了深远的国际影响。

～ 本章小结 ～

习近平外交思想是习近平新时代中国特色社会主义思想的重要组成部分，是马克思主义基本原理同中国特色大国外交实践相结合的重大理论结晶，是习近平新时代中国特色社会主义思想在外交领域的集中体现，是新时代我国对外工作的根本遵循和行动指南。我们要认真学习、深刻领会、全面把握习近平外交思想的精神实质和科学内涵，切实将思想和行动统一到习近平总书记重要讲话与中央外事工作会议精神上来、统一到习近平外交思想上来。

新时代中国特色社会主义正展现出无比光明的前景，对外工作站到了新的历史起点上。我们要在以习近平同志为核心的党中央坚强领导下，以习近平新时代中国特色社会主义思想为指导，深入学习贯彻习近平外交思想，奋发进取，开拓创新，不断谱写中国特色大国外交新篇章，为实现"两个一百年"奋斗目标、实现中华民族伟大复兴的中国梦，为推动构建人类命运共同体、促进世界和平发展和繁荣进步的崇高事业作出新的更大贡献！

【重要术语解释】

1. **正确义利观**：2013 年 3 月，习近平主席访非期间首次提出正确义利观。习近平总书记强调，要坚持正确义利观，义利并举、以义为先。坚持正确义利观，做到义利兼顾，要讲信义、重情义、扬正义、树道义。习近平总书记指出，对周边和发展中国家，一定要坚持正确义利观。只有坚持正确义利观，才能把工作做好、做到人的心里去。政治上要秉持公道正义，坚持平等相待，遵守国际关系基本原则，反对霸权主义和强权政治，反对为一己之私损害他人利益、破坏地区和平稳定。经济上要坚持互利共赢、共同发展。对那些长期对华友好而自身发展任务艰巨的周边和发展中国家，要更多考虑对方利益，不要损人利己、以邻为壑。正确义利观继承了中国外交的优良传统，体现了中国特色社会主义国家的理念，是新时代中国特色大国外交的一面旗帜。

2. **共同、综合、合作、可持续的安全观**：习近平主席在 2014 年亚信上海峰会上提出，应该积极倡导共同、综合、合作、可持续的亚洲安全观，创新安全理念，搭建地区安全和合作新架构的安全观，努力走出一条共建、共享、共赢的亚洲安全之路。共同，就是要尊重和保障每一个国家安全；综合，就是要统筹维护传统领域和非传统领域安全；合作，就是要通过对话合作，促进各国和本地区安全；可持续，就是要发展和安全并重以实现持久安全。

【思考题】

1. 习近平外交思想的主要内涵是什么？

2. 为何要深入学习贯彻习近平外交思想？

3. 如何在习近平外交思想指导下做好新时代的外交工作？

4. 如何理解正确的历史观、大局观和角色观的内涵及意义？

第三章
推动构建人类命运共同体

党的十八大以来，习近平总书记以伟大政治家、战略家的宏大视野和战略思维，高瞻远瞩地提出构建人类命运共同体的重要思想。这是习近平总书记着眼人类发展和世界前途提出的中国理念、中国方案，是习近平新时代中国特色社会主义思想的重要组成部分，是当代中国对世界的重要思想和理论贡献，受到了国际社会的高度评价和热烈响应。构建人类命运共同体思想已被多次写入联合国文件，产生日益广泛而深刻的国际影响，已成为中国引领时代潮流和人类文明进步方向的鲜明旗帜。

第一节　人类命运共同体思想的产生与发展

人类生活在同一个地球村，各国日益相互依存、命运与共，越来越成为你中有我、我中有你的命运共同体。没有哪个国家能够独自应对人类面临的各种挑战,也没有哪个国家能够退回到自我封闭的孤岛。世界各国更需要以负责任的精神同舟共济,共同维护和促进世界和平与发展。与此同时,世界多极化、经济全球化、社会信息化、文化多样化深入发展,新兴市场国家和广大发展中国家快速崛起,日益改变国际力量对比,也日益重塑国际关系理论和实践。国际格局以西方占主导、国际关系理念以西方价值观为主要取向的"西方中心论"已难以为继,西方的治理理念、体系和模式越来越难以适应新的国际格局和时代潮流,各种弊端积重难返。国际社会迫切呼唤新的全球治理理念,构建新的更加公正合理的国际体系和秩序,开辟人类更加美好的发展前景。

2008 年国际金融危机后,各国患难与共、同舟共济的意识大大增强,新形势呼唤国际关系新思维。在二十国集团峰会机制诞生后不久,中国提出用一种蕴含着合作共赢、同舟共济意识的国际关系新理念,替代零和博弈、丛林法则等国际关系旧思维,受到各方欢迎。

2010 年 5 月和 2011 年 9 月,中方分别在第二轮中美战略与经济对话和关于促进中欧合作的论述中,提及命运共同体的概念。2011 年 9 月,中国政府发布《中国的和平发展》白皮书,将命运共同体概念纳入其中,提出要以命运共同体的新视角,以同舟共济、合作共赢的新理念,寻求多元文明交流互鉴的新局面,寻求人类共同利益和共同价值的新内涵,寻求各国合作应对多样化挑战和实现包容性发展的新道路。其重要意义在于,将"命运共同体"与"和平发展""合作共赢"联系起来,强调国际关系的新视角、新理念、新道路。

党的十八大之前，人类命运共同体思想虽已萌芽，但这一概念尚未明确提出，更未进行细化、实化和体系化，构建人类命运共同体的倡议也未提出。党的十八大之后，人类命运共同体思想逐渐形成内涵丰富、意义重大的理论体系，奠定了其在习近平外交思想中的重要地位。

2013 年 3 月 23 日，习近平主席在莫斯科国际关系学院发表了题为《顺应时代前进潮流　促进世界和平发展》的重要演讲，首次阐释了人类命运共同体的理念。习近平主席指出，这个世界，各国相互联系、相互依存的程度空前加深，人类生活在同一个地球村里，生活在历史和现实交汇的同一个时空里，越来越成为你中有我、我中有你的命运共同体。3 月 25 日，习近平主席在坦桑尼亚尼雷尔国际会议中心发表题为《永远做可靠朋友和真诚伙伴》的重要演讲，强调"中非从来都是命运共同体"。10 月 3 日，习近平主席在印度尼西亚国会发表题为《携手建设中国—东盟命运共同体》的重要演讲，明确提出"携手建设更为紧密的中国—东盟命运共同体"的倡议。10 月 24 日至 25 日，周边外交工作座谈会在北京召开，习近平总书记发表重要讲话，强调"让命运共同体意识在周边国家落地生根"。

2015 年 9 月，习近平主席在纽约联合国总部出席第 70 届联合国大会一般性辩论并发表题为《携手构建合作共赢新伙伴　同心打造人类命运共同体》的重要讲话，将建立合作共赢的新型国际关系与打造命运共同体紧密相连，提出了"五位一体"路径和布局：建立平等相待、互商互谅的伙伴关系；营造公道正义、共建共享的安全格局；谋求开放创新、包容互惠的发展前景；促进和而不同、兼收并蓄的文明交流；构筑尊崇自然、绿色发展的生态体系，进一步丰富发展了人类命运共同体思想，实现了体系化。

2017年1月，习近平主席在联合国日内瓦总部的演讲中，对上述"五位一体"行动方略进行了全面充实和升级：政治上，坚持对话协商，建设一个持久和平的世界；安全上，坚持共建共享，建设一个普遍安全的世界；经济上，坚持合作共赢，建设一个共同繁荣的世界；人文上，坚持交流互鉴，建设一个开放包容的世界；生态上，坚持绿色低碳，建设一个清洁美丽的世界。这一论述使人类命运共同体思想更加丰富。"五个世界"论述是支撑人类命运共同体建设的大架构、大方向、大主张，不仅符合公认的国际准则，还与联合国的崇高事业实现全面对接，凸显了中国角色、中国贡献和中国担当。

2017年10月，党的十九大报告把推动构建人类命运共同体作为新时代坚持和发展中国特色社会主义的基本方略之一，并写入新修改的《中国共产党章程》，体现了我们党对人类命运的责任意识，彰显了我们党维护世界和平、促进共同发展的使命担当。2018年3月，第十三届全国人民代表大会第一次会议通过《中华人民共和国宪法修正案》，"序言"部分写入推动构建人类命运共同体内容。这是1982年宪法公布施行后，首次充实完善宪法中关于外交政策方面的内容，以载入根本大法的形式反映党的十八大以来在习近平新时代中国特色社会主义思想指导下外交理论和实践创新的主要成果，成为我国外交政策理念在国家法治上的最高宣示，使构建人类命运共同体思想正式上升为国家意志。

推动构建人类命运共同体思想的发展、丰富、完善，充分显示出中国特色大国外交的理论自信与行动自觉。

第二节　推动构建人类命运共同体的丰富内涵

推动构建人类命运共同体思想的内涵极其丰富、深刻，核心是党的十九大报告所指出的，"建设持久和平、普遍安全、共同繁荣、开放包容、清洁美丽的世界"。要从政治、安全、经济、文化、生态等5个方面加以推进。

政治上，要相互尊重、平等协商，坚决摒弃冷战思维和强权政治，走对话而不对抗、结伴而不结盟的国与国交往新路。人类历史上战乱频仍，生灵涂炭，教训惨痛而深刻。要和平不要战争是各国人民朴素而真实的愿望。建设一个持久和平的世界，根本要义在于国家之间要构建平等相待、互商互谅的伙伴关系。大国往往是决定战争与和平的关键因素，也对地区和世界和平与发展负有更大责任。大国要尊重彼此核心利益和重大关切，管控矛盾分歧，努力构建不冲突不对抗、相互尊重、合作共赢的新型关系。大国对小国要平等相待，不搞唯我独尊、恃强凌弱的霸道。国家间出现矛盾和分歧，要通过平等协商处理，以最大诚意和耐心，坚持对话解决分歧。各国只有都走和平发展道路，才能共同发展、和平相处。

安全上，要坚持以对话解决争端、以协商化解分歧，统筹应对传统和非传统安全威胁，反对一切形式的恐怖主义。当前，国际安全形势动荡复杂，传统安全威胁和非传统安全威胁相互交织，安全问题的内涵和外延都在进一步拓展，同时各国利益交融、安危与共。在这种新形势下，冷战思维、军事同盟、追求自身绝对安全那一套已经行不通了，各国应树立共同、综合、合作、可持续的安全观。国家不论大小、强弱、贫富以及历史文化传统、社会制度存在多大差异，都要尊重和照顾彼此合理安全关切，恪守尊重主权、独立和领土完整、互不干涉内政等国际关系基本准则，统筹维护传统和非传统安全。各国都有平等参与地区安全事务的权利，也都有维护地区安全的责任，要以对话协商、互利合作的方式解决安全难题。

经济上，要同舟共济，促进贸易和投资自由化便利化，推动经济全球化朝着更加开放、包容、普惠、平衡、共赢的方向发展。发展是第一要务，适用于各国，而人类命运共同体追求共同发展。要增强各国发展能力，发展归根到底要靠本国自身努力，各国要根据自身禀赋特点，制定适合本国国情的发展战略。要改善国际发展环境，各国要共同维护国际和平，以和平促进发展，以发展巩固和平。创造良好外部制度环境，加强全球经济治理，健全发展协调机制，各国特别是主要经济体要加强宏观经济政策协调。维护世界贸易组织规则，支持开放、透明、包容、非歧视性的多边贸易体制，推动建设开放型世界经济。优化发展伙伴关系，最大限度解决南北之间和地区内部发展失衡问题，使发展成果更多惠及全体人民，为世界经济全面可持续增长提供新动力。

文化上，要尊重世界文明多样性，以文明交流超越文明隔阂、文明互鉴超越文明冲突、文明共存超越文明优越。人类文明多样性是世界的基本特征，也是人类进步的源泉，多样带来交流，交流孕育融合，融合产生进步。文明差异不应该成为世界冲突的根源，而应该成为人类文明进步的动力。要促进和而不同、兼收并蓄的文明交流对话，在竞争比较中取长补短，在交流互鉴中共同发展，使文

金砖国家强调发展权是《2030年可持续发展议程》的核心。 2016年2月29日，在瑞士日内瓦万国宫，与会代表出席联合国人权理事会第31次会议

（新华社记者　徐金泉／摄）

明交流互鉴成为增进各国人民友谊的桥梁、推动人类社会进步的动力、维护世界和平的纽带。

生态上，要坚持环境友好，合作应对气候变化，保护好人类赖以生存的地球家园。人类可以利用自然、改造自然，但归根结底是自然的一部分，必须呵护自然，不能凌驾于自然之上。建设生态文明关乎人类未来。要解决好工业文明带来的矛盾，以人与自然和谐相处为目标，实现世界的可持续发展和人的全面发展。要牢固树立尊重自然、顺应自然、保护自然的意识，绿水青山就是金山银山。要坚持走绿色、低碳、循环、可持续发展之路，推进《2030年可持续发展议程》，采取行动应对气候变化等新挑战，不断开拓生产发展、生活富裕、生态良好的文明发展道路，构筑尊崇自然、绿色发展的全球生态体系。

推动构建人类命运共同体，是中国特色社会主义事业"五位一体"总体布局的"国际版"，是国内经济、政治、文化、社会、生态文明建设在全球层面的延伸，反映了人类社会共同价值追求，汇聚了世界各国人民对美好生活向往的最大公约数。

第三节 推动构建人类命运共同体的重大意义

推动构建人类命运共同体思想顺应了历史潮流，回应了时代要求，凝聚了各国共识，为人类社会实现共同发展、持续繁荣、长治久安绘制了蓝图，对中国的和平发展、世界的繁荣进步都具有重大和深远的意义。

一、推动构建人类命运共同体思想继承和发展了新中国不同时期重大外交思想和主张

新中国成立后特别是改革开放以来，中国共产党人高度重视推动构建和平稳定、公正合理的国际关系和国际秩序，先后提出和平共处五项原则、建立国际政治经济新秩序、和平发展道路、构建和谐世界等重要外交理念。

推动构建人类命运共同体思想作为习近平外交思想的核心和精髓，已成为新时代坚持和发展中国特色社会主义的外交方略，充分展现了中国特色社会主义道路自信、理论自信、制度自信、

《论坚持推动构建
人类命运共同体》
主要篇目介绍

文化自信，体现了中国将自身发展同世界发展相统一的全球视野、世界胸怀和大国担当。

在习近平外交思想的指导下，中国正日益走近世界舞台中央，发挥负责任大国作用，积极推动构建人类命运共同体，不断为人类作出应有贡献。

二、构建人类命运共同体思想反映了中外优秀文化和全人类共同价值追求

和平、发展、公平、正义、民主、自由，是全人类共同的价值追求。近代以来，建立公正合理的国际秩序，维护世界和平，实现共同繁荣，是人类孜孜以求的目标。世界反法西斯战争胜利后，在中国等正义力量的推动下，《联合国宪章》等重要文件确立了主权平等、不干涉内政、和平解决国际争端等国际关系基本准则，集中反映了国际社会谋求持久和平、维护公平正义的崇高理想。随着经济全球化深入发展，特别是各种全球性挑战日益突出，世界各国利益交融、安危与共，命运共同体意识日益增强，成为推动国际协调合作的强大正能量。

人类命运共同体基因来源于中国传统文化中的大同思想。中国传统文化强调和合理念，主张天下为公，推崇不同国家、不同文化"美美与共、天下大同"。在新的历史条件下，习近平总书记创造性提出构建人类命运共同体思想，既反映了当代国际关系现实，又将人类共同价值和中华优秀传统文化在新高度上弘扬光大。构建人类命运共同体思想反映了全人类的普遍愿望和共同心声，日益产生广泛而强烈的国际共鸣。

三、构建人类命运共同体思想适应了新时代中国与世界关系的历史性变化

中国与世界的关系正站在新的历史起点上。一方面，中国的前途命运日益紧密地同世界的前途命运联系在一起，中国越来越离不开世界，世界也越来越离不开中国。只有世界好，中国才能发展好；只有中国发展好，世界才能变得更好。实现中华民族伟大复兴的中国梦，同各国人民的美好梦想息息相通，同持久和平、共同繁荣的世界梦密不可分。另一方面，中国的改革开放取得巨大成就离不开世界各国的支持合作，而日益崛起的中国有责任也有能力同各国分享发展机遇。中国发展得越好，就越有能力为国际社会作出更大贡献。构建人类命运共同体思想就是我们为全球治理贡献的中国智慧、中国方案。

四、构建人类命运共同体思想指明了世界发展和人类未来的前进方向

当前，世界发展面临各种问题和挑战，经济全球化遭遇逆风，世界经济长期低迷，发展鸿沟日益突出，地区冲突频繁发生，恐怖主义、难民潮等全球性挑战此起彼伏，各种社会政治思潮交锋激荡。世界怎么了？我们怎么办？国际社会对未来发展方向感到迷茫彷徨。在此背景下，习近平总书记切实回应国际社会的共同诉求，准确把握中国与世界关系的历史性变化，全面阐述了构建人类命运共同体重要思想，其核心归结起来就是要和平不要战争，要发展不要贫穷，要合作不要对抗，要共赢不要单赢。构建

人类命运共同体思想直面当今世界最重要的问题，解决了人们心中最大的困惑，拨云见日，为世界的发展和人类的未来指明了正确方向。

[延伸阅读]

两封"致人类警告信"

1992年，关注全球问题科学家联盟征集了包括中国科学家在内的各国1700多名科学家的签名后发出第一封警告信。2017年，包括中国在内的世界各国1.5万多名科学家联合发出一封新的"致人类警告信"。

两封信警告：我们正在危及我们的未来，因为我们没能控制住巨大的物质消耗，也没能认识到人口增长是造成许多生态甚至社会威胁的主要推动力量。如果全世界不尽快行动起来，它将面临灾难性的生物多样性损失以及数不清的人类灾难。

这两封"致人类警告信"说明，在科学家们眼中，人类的确是一个命运共同体，而且人类命运堪忧，全世界需要尽快行动起来，以避免数不清的人类灾难。这在一定程度上，为携手构建人类命运共同体提供了科学依据。这表明人类命运共同体不是说说而已的口号，而是时代的呼唤，是这个世界的现实需要。我们所处的世界就是这样一个你中有我、我中有你，利益交融、命运与共的地球村，谁都不可能独善其身、置身事外。在这样一个时代，推动构建人类命运共同体意义重大。

推动构建人类命运共同体成为全球性共识

对于推动构建人类命运共同体而言，2017 年是个具有历史意义的重要年份。在中方积极推动下，联合国多项决议首次纳入构建人类命运共同体内容，从而使中国理念变成全球性共识。

2 月 10 日，联合国社会发展委员会第 55 届会议协商一致通过"非洲发展新伙伴关系的社会层面"决议，呼吁国际社会本着合作共赢和构建人类命运共同体的精神，加强对非洲经济社会发展的支持。这是联合国决议首次写入构建人类命运共同体内容。

3 月 17 日，联合国安理会一致通过关于阿富汗问题第 2344 号决议，强调应本着合作共赢精神推进地区合作，以有效促进阿富汗及地区安全、稳定和发展，构建人类命运共同体。这是安理会决议首次纳入构建人类命运共同体内容。

3 月 23 日，联合国人权理事会第 34 次会议通过关于"经济、社会、文化权利"和"粮食权"两个决议，决议明确表示要构建人类命运共同体。这是构建人类命运共同体内容首次载入人权理事会决议，标志着该内容成为国际人权话语体系的重要组成部分，反映了中国在国际人权治理进程中不断增强的话语权。

6月22日，联合国人权理事会通过中国提出的"发展对享有所有人权的贡献"决议，首次将"发展促进人权"理念引入国际人权体系，明确构建人类命运共同体是国际社会的共同愿望。该决议提案获70余国联署。

9月11日，第71届联合国大会在"联合国系统在全球治理中的核心作用"议题下通过关于"联合国与全球经济治理"决议，要求"各方本着'共商共建共享'原则改善全球经济治理，加强联合国作用"，同时重申"联合国应本着合作共赢精神，继续发挥核心作用，寻求应对全球性挑战的共同之策，构建人类命运共同体"。这是联大决议首次纳入共商共建共享的全球经济治理理念。

10月30日，第72届联合国大会第一委员会通过"不首先在外层空间放置武器"和"防止外层空间军备竞赛的进一步切实措施"两份决议，均写入构建人类命运共同体内容。这是在联大安全领域决议中首次使用，表明该内容在国际社会的影响已由经济社会领域延伸到安全领域。

构建人类命运共同体内容载入联合国多项决议，有助于使这一中国理念变成全球性共识，对于通过国际法途径来推动构建人类命运共同体具有重要和深远意义。

❧ 本章小结 ❧

　　习近平总书记本着"以天下为己任"的情怀，站在人类历史发展进程的高度，深刻洞察人类前途命运和时代发展趋势，提出了推动构建人类命运共同体的重要思想，为人类社会实现共同发展、持续繁荣、长治久安指明了方向、绘制了蓝图，体现了中国将自身发展同世界发展相统一的全球视野、世界胸怀和大国担当，具有强大的吸引力、感召力和生命力。党的十八大以来，我国通过联合国等重要多边舞台积极宣介推动构建人类命运共同体重大倡议，在对外交往中不断推动构建人类命运共同体远景目标，赢得国际社会赞誉。

【思考题】

　　1. 推动构建人类命运共同体的内涵是什么？

　　2. 如何推动构建人类命运共同体？

　　3. 推动构建人类命运共同体与实现中华民族伟大复兴中国梦的内在关系是什么？

第四章

推动构建新型国际关系

第一节　新型国际关系思想的产生与发展

纵观近现代民族国家体系形成以来的世界历史进程，国际社会既历经了热战与冷战的洗礼，也见证了发展与进步的潮流；既经受了对立与冲突的煎熬，也分享了沟通与融合的硕果。探索建立和平、公正、稳定的国际关系模式，始终是各国孜孜以求的目标。

当前，世界多极化、经济全球化、社会信息化、文化多样化深入发展，国际社会进入格局调整、体系变革的关键阶段，"国际关系向何处去"这一时代命题更加突出地呈现在世人面前。在此背景下，以习近平同志为核心的党中央积极探索与世界各国建立不同形式的新型国家间关系，并在此基础上提出了推动构建以相互尊重、公平正义、合作共赢为核心的新型国际关系思想，成为引导 21 世纪国际关系发展的重要理念和新时代中国特色大国外交的重要内容。

新型国际关系思想是一个不断完善、不断充实的思想体系。在发展中美、中俄关系的外交实践中，首先形成了新型大国关系理念，以此为基础，习近平总书记进一步提出了新型国际关系思想。早在2012 年 2 月，时任国家副主席习近平访美时就提出，中美应该努力把两国合作伙伴关系塑造成 21 世纪的新型大国关系。亚太地区理应成为中美良性互动、合作共赢的重要平台。2013 年 3 月，习近平主席出访俄罗斯，在莫斯科国际关系学院演讲时，首次提出各国应共同推动建立以合作共赢为核心的新型国际关系，并指出合作共赢体现为共享尊严、共享发展成果和共享安全保障，使新型国际关系思想具体化。此后，推动建立以合作共赢为核心的新型国际关系成为中国外交的重要内容并不断发展完善。2013 年 6 月，习近平主席与时任美国总统奥巴马在加利福尼亚州安纳伯格庄园举行会晤时提出，中美要构建不冲突不对抗、相互尊重、合作共赢的新型大国关系。

2014 年 6 月，习近平主席出席和平共处五项原则发表 60 周年纪念大会并发表主旨讲话。在谈到如何在新形势下更好弘扬和平共处五项原则、推动建立新型国际关系、共同建设合作共赢的美好世界时，习近平主席指出，要坚持主权平等、坚持共同安全、坚持共同发展、坚持合作共赢、坚持包容互鉴、坚持公平正义。强调各国应尊重彼此核心利益和重大关切，合作共赢应成为各国处理国际事务的基本政策取向，公平正义是世界各国人民在国际关系领域追求的崇高目标。首次将"相互尊重"的理念和"公平正义""合作共赢"的概念并列提出。

2014 年 11 月召开的中央外事工作会议，首次将构建以合作共赢为核心的新型国际关系确立为党的十八大以来对外工作理论和实践创新的重要内容。习近平总书记在会上强调，中国必须有自己特色的大国外交。并指出我们要坚持合作共赢，推动建立以合作共赢为核心的新型国际关系，把合作共赢理念体现到政治、经济、安全、文化等对外合作的方方面面。

2015 年 9 月，习近平主席在纽约联合国总部出席第 70 届联合国大会一般性辩论并发表题为《携手构建合作共赢新伙伴　同心打造人类命运共同体》的重要讲话，首次在全球性多边舞台全面阐述构建以合作共赢为核心的新型国际关系，世界各国要在政治上建立平等相待、互商互谅的伙伴关系，安全上营造公道正义、共建共享的安全格局，经济上谋求开放创新、包容互惠的发展前景，文化上促进和而不同、兼收并蓄的文明交流，生态上构筑尊崇自然、绿色发展的生态体系。

2017 年 10 月，推动构建新型国际关系作为新时代中国特色社会主义思想的组成部分被正式写入党的十九大报告。报告指出，中国将高举和平、发展、合作、共赢的旗帜，恪守维护世界和平、促进共同发展的外交政策宗旨，坚定不移在和平共处五项原则基础上发展同各国的友好合作，推动建设相互尊重、公平正义、合作共赢的新型国际关系。党的十九大报告将新型国际关系的核心内涵由"以合作共赢为核心"扩展为"相互尊重、公平正义、合作共赢"三大方面。

第二节　新型国际关系思想的丰富内涵

构建新型国际关系的实质是要走出一条国与国交往的新路，并为构建人类命运共同体开辟道路、创造条件。理解其内涵，需要牢牢把握相互尊重、公平正义、合作共赢三个关键词。

一、相互尊重是前提

"鞋子合不合脚，自己穿了才知道"。一个国家的发展道路合不合适，只有这个国家的人民才最有发言权。各国政治制度和发展道路各不相同，既不能定于一尊，也不能生搬硬套。应秉承国家不分大小、强弱、贫富，一律平等，不同制度、宗教、文明一视同仁。尊重各国不同历史文化传统和发展阶段性等特点，尊重彼此的核心利益和重大关切，尊重各国人民的自主选择。加强相互交往，消弭相互隔阂，凝聚彼此共识，既实现自身繁荣发展，又促进人类共同进步。

相互尊重要尊重人类文明的多样性，推动不同文明交流互鉴。"和羹之美，在于合异"，人类文明多样性是世界的基本特征，也是人类进步的源泉。世界上有 200 多个国家和地区，2500 多个民族，多种宗教。不同历史和国情、不同民族和习俗孕育了不同文明，使世界更加丰富多彩。不同文明凝聚着不同民族的智慧和贡献，都有其独特魅力和深厚底蕴，都是人类的精神瑰宝，没有高低之别，更无优劣之

习近平:弘扬"上海精神" 构建命运共同体

分。文明差异不应该成为世界冲突的根源，而应该成为人类文明进步的动力。不同文明相互尊重、彼此借鉴、和谐共存，世界才能丰富多彩、欣欣向荣。不同文明取长补短、共同进步，才能让文明交流互鉴成为推动人类社会进步的动力、维护世界和平的纽带。

二、公平正义是准则

世界的前途命运必须由各国人民共同掌握，这是处理国际事务的

民主原则，国际社会应该共同遵守。纵观近代历史，国际关系演变形成了一系列公认的准则，其中包括 370 多年前《威斯特伐利亚和约》确立的平等和主权原则、150 多年前《日内瓦公约》确立的国际人道主义精神、70 多年前《联合国宪章》明确的四大宗旨和七项原则、60 多年前中国共同倡导的和平共处五项原则。尤其是 1945 年，联合国这一最具普遍性、代表性、权威性的国际组织的建立，奠定了现代国际秩序的基石，确立了以《联合国宪章》为核心的当代国际关系基本准则。

公平正义也意味着要支持联合国在国际事务中发挥核心作用，遵循《联合国宪章》的宗旨和原则，恪守国际法和公认的国际关系准则，包括充分发挥联合国在止战维和方面的核心作用，通过和平解决争端和强制性行动双轨并举。中国是第一个在《联合国宪章》上签字的国家，将继续维护以《联合国宪章》宗旨和原则为核心的国际秩序与国际体系，做世界和平的建设者、国际秩序的维护者和多边主义的践行者。

21 世纪以来，新兴市场国家和发展中国家群体性崛起，改变了国际力量对比，重塑了国际格局，要求国际关系理论和实践创新。与此同时，西方的治理理念、体系和模式越来越难以适应新的国际格局和时代潮流，各种弊端积重难返。国际社会呼唤新的全球治理理念和体系，开辟人类更加美好的发展前景。这就需要顺应时代潮流，不断扩大发展中国家在国际事务中的代表性和发言权，推动国际秩序朝着更加公正合理的方向发展。

三、合作共赢是目标

当今世界，经济增长动能不足，结构性问题尚未得到彻底解决，贫富分化日益严重，贸易保护主义抬头，金融和债务风险、新经济挑战等问题日益凸显。世界各国必须同舟共济、共担风险、共同应对，携手解决好发展这个第一要务；加强宏观政策协调，兼顾当前和长远利益，着力解决深层次问题；抓住新一轮科技革命和产业变革的历史性机遇，推动经济发展方式转变；坚决维护开放、透明、包容、非歧视性的多边贸易体制，构建开放型世界经济，只有这样才能互利互惠、共赢发展。

当今世界国际和地区热点问题频发，冲突和动荡乃至兵戎相见时有发生，冷战思维和强权政治阴魂不散，恐怖主义、网络安全、气候变化等全球性挑战持续蔓延。但是，时代的发展已经使各国命运紧密相连，利益休戚与共。没有一个国家能凭一己之力谋求自身绝对安全，也没有一个国家可以从别国的动荡中收获稳定，世外桃源绝无可能。这要求各国冲破主从之分、阵营之别的思想藩篱，超越零和博弈、赢者通吃的理论窠臼，奉行双赢、多赢、共赢的新理念，树立共同、综合、合作、可持续的安全观；守望相助，同舟共济，在维护本国安全时尊重别国安全；通过合作安全、集体安全、共同安全，不断扩大利益交集，合力应对挑战，共护和平。只有这样，才是走上解决问题的正确道路，才能促进世界和地区的和平、稳定与繁荣。

第三节 推动构建新型国际关系的重大意义

推动构建相互尊重、公平正义、合作共赢的新型国际关系，具有鲜明的中国特色和普遍的世界意义，是中国特色大国外交理论与实践创新的重大成果，将开创中国与世界各国合作共赢以及国际关系健康发展的新局面。

一、继承中华文明和新中国外交优良传统

新型国际关系思想是对中华优秀传统文化的继承和发扬，体现了中华文明"己所不欲，勿施于人""己欲立而立人，己欲达而达人""丈夫贵兼济，岂独善一身"的思想境界，"和羹之美，在于合异""和而不同""协和万邦"的开放胸怀，"大道之行，天下为公"的世界情怀，"和衷共济""恃德者昌，恃力者亡"的和合精神，蕴含了博大精深的立身处世之道、安身立命之本，为中国特色大国外交提供了重要的文化支撑。

新型国际关系思想是对新中国对外工作优良传统的进一步发展。新中国成立以来，中国外交致力于与各国开展友好合作，既为自身建设创造了有利的外部条件，也为世界和平发展贡献了力量。老一辈党和国家领导人积极倡导和平共处五项原则，同发展中国家共同倡导万隆会议十项原则，成为各国遵循的重要国际关系准则。在新时代，中国领导人推动构建新型国际关系，既是对新中国外交优良传统的传承，又是符合时代特征的重大外交创新。

新型国际关系思想源于中国外交伟大实践。中国人民从自身的经历中深深懂得，得道才能多助，合作才能共赢。新中国成立初期，中国在自己并不宽裕的情况下，克服重重困难，为广大亚非拉发展中国家的民族独立和解放事业提供了无私支持。40多年前，5万多名中华儿女用汗水乃至生命筑成1860多公里长的坦赞铁路是

2011 年 9 月 17 日，一名乘客在坦桑尼亚坦赞铁路的列车上观赏窗外风景。坦赞铁路是一条贯通东非和中南非的交通大动脉，东起坦桑尼亚的达累斯萨拉姆，西至赞比亚中部的新卡皮里姆波希，由中国、坦桑尼亚和赞比亚三国合作建成，为赞比亚等南部非洲内陆国家提供了便捷的出海通道

（新华社记者 陈静 / 摄）

其中的典范。中国的无私援助赢得了人心，广大发展中国家携手"把中国抬进了联合国"。改革开放后，中国充分利用国内国际两个市场、两种资源，不断做大共同利益的"蛋糕"，既发展壮大了自身，也拓展了与各国的共同利益，有力带动了世界经济复苏和增长。

二、开创中国与世界各国合作共赢新局面

新型国际关系思想是在审视近现代国际关系经验和教训的基础

上对人类社会前进方向作出的前瞻性思考，为推动国际秩序朝着更加公正合理的方向发展提供了新思路。这一思想主张以合作取代对抗，以共赢取代独占，不搞零和博弈、赢者通吃那一套，符合《联合国宪章》关于主权平等、和平解决国际争端、促成国际合作等宗旨和原则，契合人类社会要和平不要战争、要合作不要对抗的期待，开辟了中国与世界各国合作共赢的崭新局面。

中国不仅是新型国际关系的倡导者，也是积极践行者。中国坚持"对话而不对抗、结伴而不结盟"，主张在和平共处五项原则基础上同所有国家发展友好合作，率先把建立伙伴关系确定为国家间交往的指导原则，同100多个国家和区域组织建立了不同形式的伙伴关系，实现了对大国、周边和发展中国家伙伴关系的全覆盖，使中国的朋友遍天下。中国已走出一条国与国交往的新路。

三、促进国际关系健康发展

现有国际体系和秩序正面临新挑战，特别是近年来，世界经济发展动能不足、地缘政治动荡、恐怖危机迭发、文明摩擦不断，各种乱象此起彼伏。有西方学者惊呼，我们正在走进一个"失序的世界"。对此，中国给出的方案是，构建相互尊重、公平正义、合作共赢的新型国际关系。这是中国为世界开出的药方，展现了中国与各国同呼吸、共命运的世界情怀和大国担当，为国际社会实现持久和平与共同繁荣开辟了新前景。

新型国际关系思想把握了时代脉搏，用整体而不是割裂的眼光看待和处理国际关系，倡导各国在维护本国利益的同时，将维护和促进人类共同利益作为看待和处理国际关系的重要出发点，强调"计利当计天下利"，主张各国在求同存异的基础上相互尊重、平等相待，不断凝聚和扩大共同利益，实现不同社会制度、不同发展道路、不同文化传统国家和平共处，和谐共生。

新型国际关系思想指明了新形势下国际关系发展的正确路径。它站在世界和平与发展的战略高度审视国际关系，倡导以对话取代对立、以合作取代对抗，主张各国通过不断扩大互利合作，有效应对日益增多的全球性挑战，协力解决关乎世界发展和人类进步的重大问题。

新型国际关系思想应天时、接地气、得人心。它强调基于共同利益的合作，通过对话来解决争端或达成协议，避免相互冲突，具有非常积极和进步的意义，同时也有较强的可操作性。其表述朴实浅显，内涵丰富深刻，具有强大生命力、感召力，获得了国际社会的积极评价和热烈呼应。"执大象，天下往。"随着新型国际关系思想在国际上日益深入，一个平等、包容、可持续的国际关系将更加清晰地展现在世人面前。

[延伸阅读]

上海合作组织树立新型国际关系典范

2001 年 6 月 15 日，中国、俄罗斯、哈萨克斯坦、吉尔吉斯斯坦、塔吉克斯坦、乌兹别克斯坦 6 国元首在上海签署《上海合作组织成立宣言》，宣告欧亚大陆一个新的区域性多边合作组织——上海合作组织诞生。

上海合作组织成立以来，走过了不平凡的发展历程，树立了相互尊重、公平正义、合作共赢的新型国际关系典范。目前，它拥有中国、俄罗斯、哈萨克斯坦、吉尔吉斯斯坦、塔吉克斯坦、乌兹别克斯坦、印度、巴基斯坦等8个成员国，是世界上幅员最广、人口最多的综合性区域合作组织，成员国的经济和人口总量分别约占全球的20%和40%。它拥有阿富汗、白俄罗斯、伊朗、蒙古国等4个观察员国，阿塞拜疆、亚美尼亚、柬埔寨、尼泊尔、土耳其和斯里兰卡等6个对话伙伴，并同联合国等国际和地区组织建立了广泛的合作关系，是促进世界和平发展、维护国际公平正义的重要力量。

当前，上海合作组织政治、经济、安全、人文、对外交往、机制建设六大领域合作稳步推进，整体合作水平不断提升。以经贸为例，2001年，中国与上海合作组织其他成员国间贸易额只有121亿美元。2013年至2017年，中国从上海合作组织成员国进口商品累计超过3400亿美元，中国对该地区国家直接投资累计近150亿美元。

上海合作组织之所以具有强大生命力，是因为它以《上海合作组织宪章》《上海合作组织成员国长期睦邻友好合作条约》为遵循，对内始终践行"互信、互利、平等、协商，尊重多样文明、谋求共同发展"的"上海精神"，构建起了建设性伙伴关系，超越了文明冲突、冷战思维、零和博弈等旧观念。"上海精神"体现了国与国交往的基本准则，与构建新型国际关系思想高度契合。

～◇ 本章小结 ◇～

　　推动构建新型国际关系是"国际关系向何处去"这一时代命题的中国方案，也是党的十八大以来中国特色大国外交理论与实践创新的重大成果。它以相互尊重为前提、以公平正义为准则、以合作共赢为目标，旨在走出一条国与国交往的新路，并为构建人类命运共同体创造条件。构建新型国际关系的实质是要走出一条国与国交往的新路，并为构建人类命运共同体开辟道路、创造条件。它继承了中华文明和新中国外交优良传统，开创了中国与世界各国合作共赢新局面，有利于全球国际关系健康发展，必将为国际社会实现持久和平与共同繁荣开辟新前景。

【重要术语解释】

　　1.**冷战思维**：在东西方冷战历史背景下观察国际事务的特定思维模式。冷战结束后，西方保守势力仍习惯于以此看待国际关系、制定对外政策。它至少包括 3 个方面：一是戴着意识形态的有色眼镜，强调东西方制度对立、对抗，并试图以西方价值观改造世界。二是敌友界限分明，认为大国关系具有战略对抗性，并据此确定谁是头号敌人。三是奉行遏制政策，强调对假想敌采取政治、经济、军事、文化、科技等各领域的围堵和打压。

2. 零和博弈：又称零和游戏，指一方所得即他方所失，博弈各方的收益和损失相加总和为零，结果是你输我赢、赢者通吃。这意味着博弈双方缺乏共同利益，难以展开合作，竞争和冲突是必然的。

【思考题】

1. 为什么要推动构建新型国际关系？

2. 新型国际关系思想的三大核心内涵是什么？

3. 如何提升新兴市场和发展中国家在全球治理领域的国际话语权？

4. 新型国际关系思想的先进性、创新性体现在哪里？

第五章

奉行独立自主的和平外交政策

第一节　坚持和平发展道路

党的十八大以来，以习近平同志为核心的党中央把握时代特征和世界潮流，准确判断历史方位和基本国情，深刻总结改革开放以来的发展历程，认真吸取其他大国兴衰成败的经验教训，作出中国将继续奉行独立自主的和平外交政策、始终不渝走和平发展道路的战略抉择。

中国只有坚定不移走和平发展道路，才能通过争取和平国际环境发展自己，又以自身发展维护和促进世界和平，不断提高中国综合国力，不断让广大人民群众享受到和平发展带来的利益，不断夯实走和平发展道路的物质基础和社会基础。中国走和平发展道路，是中国对国际社会关注中国发展走向的回应，更是中国人民对实现自身发展目标的自信和自觉。

一、坚持和平发展道路是顺应时代发展潮流的必然选择

世界多极化和经济全球化趋势的深入发展，使不同制度、不同类型、不同发展阶段的国家相互依存、利益交融，形成"你中有我、我中有你"的命运共同体。各国的发展和其他国家的发展紧密相连，任何一个国家，无论其大小强弱，只有在互利共赢的基础上积极参与国际合作，才能实现自身的发展和壮大。国家间冲突对抗的代价越来越高，只会造成两败俱伤。求和平、谋发展、促合作已成为世界各国人民的共同心愿，也是不可阻挡的历史潮流。

我们党对时代趋势和世界形势进行了全面深刻分析，在此基础上，党的十九大报告中再次作出"和平与发展仍然是时代主题"的科学论断。这个科学论断为我们认清形势、在世界变局中把握方向提供了指南和依据，为中国走和平发展道路提供了根本的前提条件和现实可能性。

习近平总书记指出，一个国家要发展繁荣，必须把握和顺应世界发展大势，反之必然会被历史抛弃。什么是当今世界的潮流？答案只有一个，那就是和平、发展、合作、共赢。只有和平发展道路可以走得通。所以，中国将坚定不移走和平发展道路。

二、坚持和平发展道路是对中国历史文化的传承

中国文化自古就认为世界应是一个和谐整体，这个观念深深影响了中华民族的思想和行为，成为中国人处理人与人、人与自然乃至国与国关系的重要价值观。

中国人民历来崇尚"和而不同""天人合一""以和为贵"的理

念，以和谐精神凝聚家庭、敦睦邻里、善待他人。和谐文化培育了中华民族热爱和平的民族禀性。举世闻名的丝绸之路是一条贸易之路、文化之路、和平之路，铭刻下中国古人追求同各国人民友好交流、互利合作的历史足迹。中国明代著名航海家郑和"七下西洋"，远涉亚非 30 多个国家和地区，展现的是中华灿烂文明和先进科技，留下的是和平与友谊。

中华民族是爱好和平的民族，和平、和睦、和谐的追求深深植根于中华民族的精神世界之中，深深融化在中国人民的血脉之中。中国自古就提出了"国虽大，好战必亡"的箴言。"以和为贵""和而不同""化干戈为玉帛""国泰民安""睦邻友邦""天下太平""天下大同"等理念世代相传。历史上，中国在相当长时期里是世界上最强大的国家之一，但没有对外扩张、称霸的文化传统。纵观世界历史，依靠武力对外侵略扩张最终都是要失败的，这是历史规律。近代中国经历了一段积贫积弱、长达百年的战祸离乱，这让中国人更加珍视和平，坚信"己所不欲，勿施于人"，中国即使发展强大起来，也不会称霸。

改革开放以来，中国取得举世瞩目的经济发展成就，综合国力持续快速提升，成为影响国际格局演变的重要因素。在此过程中，一些国际舆论，特别是西方舆论，时常炒作不同版本的"中国威胁论"。实际上这是把基于西方经验的"国强必霸论"嫁接到中国身上。在地理大发现以后将近 500 年的历史进程里，"国强必霸"似乎成了西方列强崛起的历史逻辑。但用西方经验剪裁中国的历史和现实，把"国强必霸"的逻辑套用于中国，得出的结论必然偏离实际。

习近平总书记指出，历史是最好的老师。从 1840 年鸦片战争到 1949 年新中国成立的 100 多年间，中国社会战火频仍、兵燹不断，内部战乱和外敌入侵循环发生，给中国人民带来了不堪回首的苦难。这段悲惨的历史，给中国人留下了刻骨铭心的记忆。中国人历来讲求"己所不欲，勿施于人"。中国需要和平，就像人需要空气、万物生长需要阳光一样。中国人民深知和平的宝贵，绝不会放弃维护和平的决心和愿望，绝不会把自身曾遭遇的苦难强加于他人。一些人渲染"中国威胁论"，这或者是对中国历史文化和现实政策不了解，或者是出于一种误解和偏见，或者是有着不可告人的目的。中国坚持走和平发展道路，坚持独立自主的和平外交政策，不是权宜之计，而是我们的战略选择和郑重承诺。

三、坚持走和平发展道路是中华民族根本利益的需要

实现中华民族的伟大复兴，是中国各族人民的伟大理想和共同追求。1840 年鸦片战争以后的 100 多年里，中国受尽了列强的欺辱。消除战争，实现和平，建设独立富强、民生幸福的国家，是近代以来中国人民孜孜以求的奋斗目标，实现中华民族伟大复兴是近代以来中华民族最伟大的梦想。

中国已经确定了未来发展目标，这就是到 2020 年全面建成小康社会，到 21 世纪中叶建成富强民主文明和谐美丽的社会主义现代化强国。今天的中国取得了巨大的发展成就，我们比历史上任何时期都更接近、更有信心和能力实现中华民族伟大复兴的目标。但也要看到，中国人口多、底子薄、发展不平衡，仍是世界上最大的发展中国家，提高近 14 亿人的生活水平和质量需要我们付出艰苦

的努力。中国的现代化是世界 1/5 人口的现代化，这是一个很长的历史过程。这一过程中的困难和问题，无论规模还是难度，在当今世界都是绝无仅有的，在人类历史上也是罕见的。这就需要我们坚持走和平发展道路，营造有利的国际和平环境，聚精会神搞建设，一心一意谋发展，这是中国实现国家富强、人民幸福的必由之路。

习近平总书记明确指出，实现我们的奋斗目标，必须有和平国际环境。没有和平，中国和世界都不可能顺利发展；没有发展，中国和世界也不可能有持久和平。我们一定要抓住机遇，集中精力把自己的事情办好，使国家更加富强，使人民更加富裕，依靠不断发展起来的力量更好走和平发展道路。

四、坚持走和平发展道路是中国社会主义国家性质的体现

中国是社会主义国家，追求和平是社会主义国家的本质属性之一，和平发展是中国特色社会主义的必然选择。

中国不输出意识形态，不搞扩张。早在 1974 年，邓小平同志就在联大向全世界庄严宣布，中国永远不称霸。改革开放以来，中国根据国际形势的变化趋势，坚持和平与发展是时代主题这一重大战略判断，多次公开阐明：中国过去不称霸，现在不称霸，将来强大了也不称霸。进入 21 世纪以来，中国共产党深入研究历史经验教训，把握当今时代潮流，明确提出中国将始终不渝坚持和平发展道路，强调中国决不会走历史上那种依靠侵略和扩张实现崛起的老路，而是将坚定致力于探索一条以和平方式实现国家发展和民族

复兴的新路。坚持走和平发展道路不仅写入中国共产党的十七大、十八大、十九大报告，而且载入了中国共产党党章。2013年初，第十八届中共中央政治局就走和平发展道路举行集体学习。习近平总书记强调，走和平发展道路，是我们党根据时代发展潮流和我国根本利益作出的战略抉择。

中国坚持开放的发展、合作的发展、共赢的发展。积极争取和平的国际环境发展自己，又以自身的发展更好地维护世界和平，促进共同发展，已成为中国坚定不移的国家意志。

五、中国坚持走和平发展道路的世界意义

和平发展道路是中国这个世界上最大的发展中国家探索出的一条新型发展道路。随着时间的推移，这条道路已经并将进一步显示出其世界意义。这条道路的成功既需要中国人民坚持不懈的努力，也需要得到外部世界的理解和支持。

中国和平发展打破了"国强必霸"的大国崛起传统模式。建立殖民体系、争夺势力范围、对外武力扩张，是近代历史上一些大国崛起的老路。特别是在20世纪，追逐霸权、武力对抗、兵戎相见，使人类惨遭两次世界大战的浩劫。中国基于自己几千年历史文化传统，基于对经济全球化本质的认识，对21世纪国际关系和国际安全格局变化的认识，对人类共同利益和共同价值的认识，郑重选择和平发展、合作共赢作为实现国家现代化、参与国际事务和处理国际关系的基本途径。几十年来的实践证明，中国走和平发展道路走对了，没有任何理由改变。

中国的发展道路形成并立足于本国国情。中国深刻认识到走和

平发展道路的重要性和长期性，认识到国内外环境变化的深刻性和复杂性，将更加注意总结和运用自身的成功经验，更加注意学习借鉴其他国家的有益经验，更加注意研究前进道路上的新问题、新挑战，为和平发展开辟更为广阔的前景。

中国的和平发展离不开世界的和平稳定与共同发展。从中国与世界的互动关系看，没有和平稳定与平等互利的国际环境，中国发展难以全面协调可持续。同样，世界持久和平与共同繁荣也离不开中国的和平发展。没有中国的和平发展，世界的和平与发展也难以全面协调可持续。中国坚持走和平发展道路，也希望其他国家都走和平发展道路，只有各国都走和平发展道路，才能共同发展，国与国才能和平相处。

中国坚持走和平发展道路，并不意味着放弃我们的正当权益、牺牲国家核心利益。我们将坚定不移维护自己的主权安全发展利益，任何外国不要指望我们拿自己的核心利益做交易，不要指望我们吞下损害我国主权、安全、发展利益的苦果。

第二节　尊重各国人民自主选择
发展道路的权利

中国历来坚持国家不分大小、强弱、贫富，一律平等，尊重各国人民自主选择发展道路的权利，承认各国文化传统、社会制度、价值观念、发展理念等方面的差异，努力推动不同文明的发展模式取长补短、相互促进、共同发展，反对以一种模式来衡量丰富多彩的世界。

习近平：在德国
科尔伯基金会的
演讲

世界是丰富多彩的，发展模式是多样的。各国国情存在差异性，国家制度没有统一的标准，更没有优劣之分。"夫物之不齐，物之情也。"不同的历史、不同的环境、不同的信仰产生不同的国情，不同的国情需要不同的发展道路。世界上没有放之四海而皆准的发展道路，也没有一成不变的发展模式。习近平总书记指出，相互尊重、平等相待，首先要尊重各国自主选择的社会制度和发展道路，尊重彼此核心利益和重大关切，客观理性看待别国发展壮大和政策理念，努力求同存异、聚同化异。

"履不必同，期于适足；治不必同，期于利民。"一个国家发展道路合不合适，只有这个国家的人民才最有发言权。无论什么主义、什么制度、什么模式、什么道路，都要经历时代和实践的检验。从中外历史经验教训来看，一个国家走什么样的发展道路，关键要看这条道路是否能够解决这个国家面临的历史性课题。不顾本国国情，照搬别国发展模式，鲜有成功的例证。"西方模式"长期是许多国家追捧照搬的对象。然而事实上，"西方模式"自身存在诸多弊端，并不是发展的圭臬，也不一定适应其他国家国情。

条条大路通罗马。谁都不应该把自己的发展道路定于一尊。选择什么样的政治制度，走什么样的发展道路，本质上属于一国内政。互不干涉内政是一项国际法原则，是处理国际关系的基本要求。国家无论大小贫富，都有自主选择符合国情发展道路的权利，不受外来干涉，任何国家都不能将自己的模式强加于人，无权指手画脚，更无权通过强制或颠覆等手段把别国拉到自己划定的轨道上来。我们要尊重各国自主选择社会制度和发展道路的权利，消除疑虑和隔阂，把世界多样性和各国差异性转化为发展活力和动力。各国应求同存异，和平共处，共同发展。

中国倡导各国平等，坚持平等相待。习近平总书记指出，不管国际格局如何变化，我们都要始终坚持平等民主、兼容并蓄，尊重各国自主选择社会制度和发展道路的权利，尊重文明多样性，做到国家不分大小、强弱、贫富都是国际社会的平等成员，一国的事情由本国人民做主，国际上的事情由各国商量着办。

中国倡导开放包容，在交流互鉴中取长补短，在求同存异中共同前进。中国特色社会主义道路、理论、制度、文化不断发展，拓展了发展中国家走向现代化的途径，给世界上那些既希望加快发展又希望保持自身独立性的国家和民族提供了全新选择，为解决人类问题贡献了中国智慧和中国方案。中国愿同世界分享中国的发展机遇和经验。中国认为，不同社会制度、不同意识形态、不同发展道路的国家，完全可以建立基于相同利益和追求的合作共赢关系，构建不以意识形态划分的"朋友圈"。

第三节　捍卫国家主权安全发展利益

奉行独立自主的和平外交政策必须坚决捍卫国家主权安全发展利益，树立总体国家安全观。同世界分享中国的发展经验和机遇，首先要把自己发展好，而国家安全是国家生存发展的前提，人民幸福安康的基础，中国特色社会主义事业的重要保障。2014年4月15日，习近平总书记在中央国家安全委员会第一次全体会议上首次提出总体国家安全观重大战略思想，强调当前我国国家

十二届全国人大常委会第十五次会议于
2015 年 7 月 1 日表决通过了新国家安全法。
这是党的十八大以来，为适应国家安全面临的
新形势新任务，我国以法律形式确立总体国家
安全观的重要举措

（新华社发　赵乃育 / 作）

安全内涵和外延比历史上任何时候都要丰富，时空领域比历史上任何时候都要宽广，内外因素比历史上任何时候都要复杂，必须坚持总体国家安全观，以政治安全为根本，以经济安全为基础，以军事、文化、社会安全为保障，以促进国际安全为依托，走出一条中国特色国家安全道路。总体国家安全观是以习近平同志为核心的党中央对国家安全理论的重大创新，是新形势下维护和塑造中国特色大国安全的强大思想武器，充分体现了我们党奋力开拓国家安全工作新局面的战略智慧和使命担当，对维护国家主权安全发展利益具有重大意义。

一、总体国家安全观承载为实现中华民族伟大复兴提供坚强保障的历史使命

实现中华民族伟大复兴的中国梦，是中华民族的根本利益和最高利益，是我们这个时代的最强音。当代中国正处于由大国向强国

迈进的重要当口，正处于全面建成小康社会的决胜阶段，正处于实现中华民族伟大复兴的关键时期。习近平总书记指出：这是中华民族的一个重要历史机遇，我们必须牢牢抓住，决不能同这样的历史机遇失之交臂。这就是我们这一代人的历史责任，是我们对中华民族的责任，是对前人的责任，也是对后人的责任。越是接近奋斗目标，前进阻力和风险压力就越大。在新的历史起点上，我们必须时刻准备应对各种风险考验和重大挑战，深入推进伟大事业、伟大工程、伟大斗争。这既对国家安全工作提出了新挑战，也为做好国家安全工作提供了新机遇。坚持总体国家安全观，归根到底是为了更好维护和延长我国发展重要战略机遇期，确保中华民族伟大复兴进程不被滞缓或打断。

当今世界，和平与发展仍然是时代主题。世界多极化、经济全球化深入发展，社会信息化、文化多样化持续推进，新一轮科技革命和产业革命孕育成长。但是，时代潮流中也有险滩暗礁。各种风险挑战层出不穷，"逆全球化"思潮上扬，冷战思维仍存，经济增长动能不足，热点问题交替升温，非传统安全威胁持续蔓延，影响全球战略稳定的消极因素增多，复杂和不确定成为国际安全新现实。总体国家安全观强调，只有坚持共同、综合、合作、可持续安全的新理念，同心协力应对各种问题，才能实现共享尊严、共享发展成果、共享安全保障。

随着我国经济社会发展和对外开放不断扩大，人民对国家安全有了更多更高的期待。人民希望国家更加强大，更有力地维护国家统一和民族团结，更坚定地捍卫国家利益，为实现国家长治久安提供可靠支撑。人民对美好生活的向往，就是我们党的奋斗目标。总体国家安全观强调以人民安全为宗旨，坚持国家安全一切为了人民、一切依靠人民，不断提高人民的安全感、获得感、幸福感。

当前，我国国家安全形势保持总体稳定，但面临的安全和发展环境更趋复杂。要在深刻变化的时代中赢得主动，要在伟大斗争中赢得胜利，就要以更长远的战略眼光把握国家安全面临的新课题，在理论上不断作出新概括。总体国家安全观既是认识论，又是方法论，为破解我国国家安全面临的难题提供了基本遵循。

二、总体国家安全观丰富和发展了中国特色社会主义理论体系

习近平总书记把国家安全置于中国特色社会主义事业全局中来把握，提出统筹发展与安全两件大事。习近平总书记指出，随着我国快速发展和国际形势深刻变化，我们面临的风险和挑战只会越来越多，集中力量发展经济的条件发生深刻变化，必须统筹国内国际两个大局、统筹政治经济外交等各方面工作，在维护国家主权安全发展利益过程中努力维护我国发展重要战略机遇期。习近平总书记强调，我们党要巩固执政地位，要团结带领人民坚持和发展中国特色社会主义，实现中华民族伟大复兴的中国梦，保证国家安全是头等大事。在中国特色社会主义伟大事业中，发展和安全是相辅相成的，发展是安全的基础，安全是发展的条件。习近平总书记的这些新思想新论断，深化了我们党对执政规律、社会主义建设规律和人类社会发展规律的认识。

总体国家安全观科学运用马克思主义基本原理，深刻总结我们党维护国家安全的理论和实践，认真汲取中华优秀传统文化精髓，积极

借鉴国际安全理论与实践，在国家安全领域形成了具有中国特色和时代特征的立场观点方法，既有继承又有发展，实现了我们党在国家安全理论上的历史性飞跃。

习近平总书记运用总体的战略思维和宽广的世界眼光把握国家安全，实现了对传统国家安全理念的重大突破。总体国家安全观勾画出维护国家安全的整体布局，提出以人民安全为宗旨，以政治安全为根本，以经济安全为基础，以军事、文化、社会安全为保障，以促进国际安全为依托，维护各领域国家安全，深化拓展了我们党国家安全事业的理论视野和实践领域。总体国家安全观提出了维护国家安全的基本原则，强调既重视发展问题又重视安全问题、既重视外部安全又重视内部安全、既重视国土安全又重视国民安全、既重视传统安全又重视非传统安全、既重视自身安全又重视共同安全，准确反映了辩证、全面、系统的国家安全理念。

三、以总体国家安全观为指引，捍卫国家主权安全发展利益

党的十八大以来，我们党全面贯彻落实总体国家安全观，陆续出台一系列重大创新举措，维护和塑造中国特色大国安全取得显著成效。

（一）维护国家领土主权和海洋权益

1.南海问题

中国人民在南海的活动已有 2000 多年历史。中国最早发现、命名和开发利用南海诸岛及相关海域，最早并持续、和平、有效地

对南海诸岛及相关海域行使主权和管辖。中国对南海诸岛的主权和在南海的相关权益，是在漫长的历史过程中确立的，具有充分的历史和法理依据。

南海争议包括两个方面，一是 20 世纪 70 年代以来，越南、菲律宾、马来西亚、文莱对中国南沙群岛全部或部分岛礁提出领土要求并非法侵占部分岛礁而引发的南沙领土争议；二是随着国际海洋法的发展，中国与上述国家以及印度尼西亚之间因在南海部分海域的海洋权益主张重叠而产生的海洋划界争议。

中国在坚定维护国家领土主权和海洋权益的同时，始终致力于同直接有关的主权国家通过协商谈判解决有关争议，通过建立规则机制管控分歧，通过合作开发实现互利共赢。同时，中方坚持维护各国依据国际法享有的在南海的航行和飞越自由，坚定维护南海的和平稳定，致力于将南海建成和平、友谊、合作之海。

美国宣布"重返亚太"、实施"亚太再平衡"以来，南海问题较前升温。2013 年 1 月，菲律宾阿基诺三世政府不顾中菲之间早已达成的谈判解决有关争议的协议，单方面提起南海仲裁案，妄图否定中国在南海的领土主权和海洋权益，导致南海局势一度出现紧张。面对复杂形势，中国坚持不接受、不参与所谓仲裁案，不接受、不承认非法裁决的原则立场，坚决捍卫国家核心和重大利益；同时坚持合作共赢和义利相兼，积极主动运筹南海问题和与周边国家关系，维护了南海大局总体稳定，推动地区局势向积极方向发展。

近年来，中国持续推动与周边国家加强对话合作，协商妥善处理和管控海上争议，取得积极进展。中越、中菲双边磋商机制稳中有进，中马、中印尼通过双边渠道妥善处理分歧，南海局势不断趋稳向好。同时，中方还不断推进与域内国家油气、执法、科研、环保、渔业等领域合作项目，不断取得积极成果。中国与东盟国家还在全面有效落实《南海各方行为宣言》（简称《宣言》）框架下，就推进海上务实合作、制定"南海行为准则"（简称"准则"）保持密集磋商，已成功试运行外交高官热线平台。中国与东盟国家首次开展大规模海上联合搜救沙盘推演和实船演练，并在2017年中国—东盟领导人会议上通过了《未来十年南海海岸和海洋环保宣言（2017—2027）》。目前，各方已达成准则单一磋商文本草案并宣布进入审读阶段，准则磋商不断取得积极进展。东盟国家与我国在落实《宣言》框架下妥善处理分歧、推进合作、达成准则意愿持续上升。

2. 钓鱼岛问题

中国最先发现、命名和利用钓鱼岛。无论从历史还是从法理的角度来看，钓鱼岛都是中国的固有领土，中国对其拥有无可争辩的主权。

甲午战争后，日本迫使中国签订不平等的《马关条约》，割让台湾全岛及包括钓鱼岛在内的所有附属各岛屿。日本在1895年利用甲午战争窃取钓鱼岛是非法无效的。第二次世界大战后，依据《开罗宣言》《波茨坦公告》和《日本投降书》，钓鱼岛作为台湾的附属岛屿与台湾一并归还中国。但20世纪50年代，美国擅自将钓鱼岛纳入其托管范围，70年代美国将钓鱼岛"施政权""归还"日本。美日对钓鱼岛进行私相授受，严重侵犯了中国的领土主权，是非法的、无效的，没有也不能改变钓鱼岛属于中国的事实。

长期以来，中国为维护钓鱼岛的主权进行了坚决斗争。1958年，中国政府发表领海声明，宣布台湾及其周围各岛属于中国。1992年，中国颁布《中华人民共和国领海及毗连区法》，明确规定

"台湾及其包括钓鱼岛在内的附属各岛"属于中国领土。2012年3月，根据《中华人民共和国海岛保护法》，中国公布了钓鱼岛及其部分附属岛屿的标准名称。

2012年9月10日，日本政府宣布"购买"钓鱼岛及附属的南小岛、北小岛，实施所谓"国有化"。这是对中国领土主权的严重侵犯，是对历史事实和国际法理的严重践踏。同日，中国政府发表声明，公布了钓鱼岛及其附属岛屿的领海基线。9月13日，中国政府向联合国秘书长交存钓鱼岛及其附属岛屿领海基点基线的坐标表和海图。

中国在钓鱼岛海域保持经常性的存在并进行管辖。中国海监执法船在钓鱼岛海域坚持巡航执法，渔政执法船在钓鱼岛海域进行常态化执法巡航和护渔，维护该海域正常的渔业生产秩序。中国还通过发布天气和海洋观测预报等，对钓鱼岛及其附近海域实施管理。

（二）维护国际社会一个中国格局

当前，台海形势复杂严峻。台湾当局拒不承认体现一个中国原则的"九二共识"，不认同两岸同属一个中国，阻挠干扰两岸交流，放任和纵容"台独"分裂势力推动"去中国化""渐进台独"，给两岸关系带来了严重冲击。与此同时，台湾当局在国际上推行所谓"踏实外交"和"新南向政策"，谋求提升与美国、日本、印度、澳大利亚及东南亚、欧洲国家的"实质关系"，强化与美国的军事安全联系，企图挤入仅限主权国家参加的国际组织和会议。

中国政府始终按照一个中国原则处理台湾的对外交往问题。面对复杂形势，中国政府向国际社会阐明坚持一个中国原则、反对"台独"的坚定立场，明确反对台湾当局任何在国际上制造"两个中国""一中一台"，凸显台所谓"主权独立地位"的图谋，坚决反对与中国建交的国家同台湾发展任何形式的官方关系、进行官方往来、签署具有官方性质的协议、设立具有官方性质的机构，坚决反对并严正要求有关国家停止售台武器及与台保持军事安全联系，坚决反对台湾加入仅限主权国家参加的国际组织和多边活动。2018年，中国政府妥善处理了第71届世界卫生大会涉台问题。中国与多米尼加、萨尔瓦多建交，与布基纳法索复交，与台湾当局维持所谓"外交关系"的国家只剩17个，再次表明坚持一个中国原则是国际社会大势所趋、人心所向。

中国政府将继续坚持"和平统一、一国两制"方针，坚持一个中国原则，推动两岸关系和平发展，推进祖国和平统一进程。同时坚决维护国家主权和领土完整，决不容忍国家分裂的历史悲剧重演。中国政府将继续坚定维护国际社会一个中国格局，推动国际社会和有关国家继续恪守一个中国原则，理解和支持中国政府与中国人民维护台海和平稳定、推动两岸关系和平发展、实现国家完全统一的正义事业。

（三）防范遏制外部势力干预港澳事务

香港、澳门回归以来，继续保持繁荣稳定，"一国两制"取得举世公认的成功。但一些外部势力出于这样那样的目的，不愿正视港澳已回归中国的现实，明里暗里插手港澳事务。个别国家不时发表"港澳问题报告"，对特区事务说三道四、指手画脚。有的打着"民主""人权""自由"等旗号勾结和扶植港澳反对派，介入港澳选举事务，甚至暗中支持非法"占中""港独"等违法活动。这些行为损害了我主权安全发展利益，不利于港澳的繁荣稳定。

港澳事务纯属中国内政，我们支持两个特区在"一国两制"和基本法框架下开展对外交往与合作，同时坚决反对任何国家、机构或个人以任何形式干预港澳事务。针对外部势力干预港澳事务的错误言行，我外交机构第一时间通过严正交涉、公开发声等手段予以坚决斗争，阐明我原则立场，划出红线，警告有关国家和机构在涉港澳问题上谨言慎行，不得以任何形式干预中国内政。同时，我外交机构还通过对话磋商、举行座谈会、媒体吹风会等形式，宣介中国中央政府对港澳方针政策，增信释疑，引导国际社会继续支持"一国两制"，推进和扩大与港澳务实合作。

（四）尽心竭力做好领事保护工作

维护国家安全必须把人民安全作为根本目的。2017 年，我国内地居民出境人次达 1.46 亿，海外中资企业超过 4.3 万家，中国海外资产总额超过 5 万亿美元，海外常住人员已逾千万。

党中央、国务院高度重视维护海外中国公民安全与合法权益。近年来，在党中央、国务院的坚强领导下，外交部及驻外使领馆与各部门、各地方和有关企业密切合作，扎实推进海外中国公民和机构安全保护工作，通过法律支撑、机制建设、风险评估、安全预警、预防宣传和应急处置六大支柱建设，积极构建海外中国平安体系，打造外交为民、利民、安民、惠民的领保长城。

充分发挥中央、地方、驻外使领馆、企业和公民"五位一体"工作体系联动优势。迄今为止，组织实施撤离我海外公民行动 15次，涉及 3 万多人。处理涉我境外公民遭绑架、袭击案件数百起，受理各类领保与协助案件约 50 万起，涉及人员近百万。

畅通求助渠道。2014 年 9 月，外交部全球领事保护与服务应急呼叫中心 12308 热线建成并投入使用，为海外中国公民和祖国之间开辟了一条领保与服务的绿色通道。

坚持"预防为主、预防与处置并重"的工作思路，积极打造预警提醒、培训教育、宣传引导的全方位、一体化预防性工作新格局。在各驻外使领馆建立定期安全巡查制度，开通"中国领事服务网"、"领事直通车"微信公众号、"领事之声"官方微博和"外交部 12308"移动客户端，会同国内三大电信运营商为出国公民发送领保短信等。

（五）坚决打击恐怖主义

恐怖主义是全人类公敌。中国政府坚决反对一切形式的恐怖主义，以建设性方式参与国际反恐合作，推动国际社会摒弃双重标准，以联合国为主导，最大限度形成打恐合力；推动地区热点问题妥善解决，遏制恐怖主义蔓延、猖獗之势；推动各方综合运用政治、经济、文化、宗教等手段，从源头肃清恐怖主义滋生温床。

中国一直本着相互尊重、平等合作、互利互惠的原则同各国联手共同打击恐怖势力，维护国际地区和平稳定。党的十八大以来，中国同阿富汗、阿尔及利亚、澳大利亚、加拿大、法国、印度、印度尼西亚、以色列、日本、肯尼亚、巴基斯坦、韩国、俄罗斯、沙特、土耳其、阿联酋、英国、美国、非盟等国家和地区组织举行反恐交流磋商，就国际地区反恐形势、各自反恐政策举措、双边反恐合作等问题交换看法，凝聚反恐共识。中国以打击"东突"暴恐势力为重点，积极同美欧、中亚、南亚、东南亚、中东等地区国家合作，为维护国家和地区安全稳定作出积极贡献。同时，中国积极推动反恐多边国际合作，深入参与联合国、上海合作组织等机制下的反恐合作。

通过积极努力，中国扩大了同有关国家在反恐问题上的利益汇合点，深化了同有关国家的反恐务实合作，推动国际社会在打击"东突"暴恐势力方面取得了更多共识，有效挤压了"东突"暴恐势力的生存和活动空间。中国是反恐领域的合作者、建设者、贡献者，同各方一道为促进反恐国际合作、维护地区和全球的和平与稳定作出了积极贡献。

中国特色大国安全既要维护也要塑造，必须立足国际秩序大变局来把握规律，立足防范风险的大前提来统筹，立足我国发展重要战略机遇期来谋划。一方面，要严防各种安全风险集聚交汇形成风险综合体，守住不发生系统性风险和不犯颠覆性错误的底线，有力有效维护国家安全；另一方面，要主动塑造内外安全环境，善于观大势，加强对国家安全形势的跟踪研判，力求在变局中把握规律，在乱象中趋利避害，在斗争中争取主动。要加强战略谋划，坚持以全球思维谋篇布局，塑造总体有利的国家安全战略态势。要开拓进取、勇于担当，在国际舞台上积极发出中国声音，坚决维护我国主权安全发展利益。

[延伸阅读]

也门撤侨

2015 年 1 月，胡塞反政府武装控制了也门首都萨那，也门总统哈迪被软禁在总统府。3 月 26 日，沙特联合 10 多个阿拉伯国家，对萨那的胡塞武装实施了突袭，也门战事升级，在也门的中国公民面临生命危险。中国驻也门使馆向外交部建议尽快撤离在也门的中国公民。

3月27日，外交部召开部际协调会，商讨撤侨方案，会议形成共识，建议动用军舰撤侨。方案提交给习近平总书记后，很快得到批准。最后确定的撤离时间为3月30日，在西部的荷台达港和南部的亚丁港同步撤离，先撤至也门对岸的吉布提共和国的吉布提港，再转程回国。荷台达港主要对接从首都萨那赶来的侨民，亚丁港主要对接90公里外中国援建水泥厂的员工。3月29日，我外交部表示："我们牵挂着每一个人，我们实际上已经开始了行动，他们很快就会安全地踏上归途。"

接到上级命令后，海军立即组织临沂舰、潍坊舰、微山湖舰向也门亚丁港海域机动。同时，编队连夜部署各舰迅速由护航状态转入撤离任务准备状态，完善舰艇靠泊、人员核准登舰、舰艇安全警戒、生活保障、卫生防疫等方案，在最短时间内完成了一切准备，并顺利完成了首批撤离任务。与此同时，中国驻也门使馆和中国驻亚丁总领事馆的外交官们积极联系组织在也门的中国公民转赴撤离港口，协调办理军舰进港手续。

3月29日，海军第十九批护航编队临沂舰抵达亚丁港，在中国驻亚丁总领事馆积极配合下，撤离了首批122名中国公民，其中包括7名妇女和1名儿童。2名来自埃及和罗马尼亚的中国企业聘用的外籍专家一同随舰撤离。临沂舰经过近8个小时的高速航渡后横跨亚丁湾,顺利抵达位于非洲东部的吉布提港,124人得到了中国驻吉布提大使馆的妥善安置。

3月30日,第二批455人(449名中国公民,6名外籍人员)乘坐中国海军潍坊舰离开也门荷台达港。至此,需要撤出的中方人员已全部撤离也门。

4月2日,中国海军临沂舰搭载我国驻亚丁总领事馆留守组2人及1名中国同胞,以及巴基斯坦等10个国家在也门的225名侨民自也门亚丁港平安驶抵吉布提港,撤离人员中有巴基斯坦176人、埃塞俄比亚29人、新加坡5人、意大利3人、德国3人、波兰4人、爱尔兰1人、英国2人、加拿大1人、也门1人。

4月4日,8名我国留学生搭乘巴基斯坦军舰从穆卡拉撤至卡拉奇。

4月6日,海军再次派出两艘军舰前往荷台达港和索科特拉岛成功撤离我国驻也门使馆留守组14人和其余33名同胞。至此,自愿撤离也门的613名中国公民和为撤离行动留守至最后一刻的驻也门使馆16名外交人员安全撤离也门。

此次撤离是中国政府应有关国家请求开展的人道主义救援行动,也是中国政府首次为撤离处于危险地区的外国公民采取的专门行动,充分体现了中国政府"以人民为中心"的理念和国际主义、人道主义精神。撤离行动中,中国外交部协调有关国家精心组织撤离工作,中国海军第一时间调派军舰赴亚丁港执行撤离任务，中国驻也门、亚丁、吉布提、沙特等使领馆克服重重困难，及时办妥相关手续，全力组织有关国家侨民安全撤离，行动取得圆满成功。

❦ 本章小结 ❧

中国坚持走和平发展道路，坚定维护国家主权安全发展利益。中国坚定奉行独立自主的和平外交政策，尊重各国人民自主选择发展道路的权利，维护国际公平正义，反对把自己的意志强加于人，反对干涉别国内政，反对以强凌弱。中国发展不对任何国家构成威胁，中国决不会以牺牲别国利益为代价来发展自己。

【重要术语解释】

1.《南海各方行为宣言》：2002 年 11 月，在柬埔寨金边举行的第 6 次中国—东盟领导人会议上，我国与东盟各国代表共同签署《南海各方行为宣言》。《南海各方行为宣言》是中国与东盟国家 11 方依据公认的国际法原则商谈和签署的第一份关于南海有关问题的政治文件。

《南海各方行为宣言》确认中国与东盟致力于加强睦邻互信伙伴关系，共同维护南海地区的和平与稳定，强调通过友好协商和谈判，以和平方式解决南海有关争议。在争议解决之前，各方承诺保持克制，不采取使争议复杂化和扩大化的行动，并本着合作与谅解的精神，寻求建立相互信任的途径，包括开展海洋环保、搜寻与求助、打击跨国犯罪等合作。《南海各方行为宣言》对维护中国主权权益，增进中国与东盟互信，保持南海地区和平与稳定，为南海问题有关当事国和平解决领土和管辖权争议创造有利条件有重要的积极意义。

2.**"南海行为准则"**：中国与东盟国家商谈"南海行为准则"是全面、有效落实《南海各方行为宣言》的一部分。"南海行为准则"与《南海各方行为宣言》一脉相承，旨在进一步规范和指导中国与东盟国家海上行为，在南海地区建立规则秩序，服务于增进互信、促进合作、管控风险，共同维护南海和平稳定。2013年，我国与东盟国家正式启动"南海行为准则"磋商，并不断取得积极进展。截至2018年底，各方就"南海行为准则"框架达成共识，并形成了"南海行为准则"单一磋商文本草案。

【思考题】

1. 我国坚持走和平发展道路的主要有利条件和挑战有哪些？

2. 如何看待中国特色社会主义新时代与时代主题的关系？

3. 如何理解总体国家安全观？

第六章
积极发展全球伙伴关系

第一节　建设总体稳定、均衡发展的大国关系

保持与大国关系的总体稳定和均衡发展，对于我国深化全方位对外合作、维护良好外部环境至关重要。近年来，中国积极发展与各大国之间的友好关系，不断开创大国关系发展的新局面。

一、中美关系在起伏中发展

中国和美国分别是世界上最大的发展中国家和最大的发达国家，两国人民之间有着非常广泛和密切的交往。保持中美关系长期健康稳定发展，符合两国人民根本利益，是国际社会的普遍期待。中方历来重视发展中美关系，愿同美方相向而行、一道努力，通过对话磋商管控分歧、推进合作，引导中美关系沿着正确轨道向前发

展，实现不冲突不对抗、相互尊重、合作共赢。

2013年6月，习近平主席在美国加利福尼亚州安纳伯格庄园与美国总统奥巴马举行历史性会晤。双方就构建以不冲突不对抗、相互尊重、合作共赢为核心内涵的新型大国关系达成重要共识，为中美两国关系的发展指明了方向。继"庄园会晤"之后，习近平主席同奥巴马总统又进行了富有成效的"瀛台夜话"和"白宫秋叙"，并在2016年二十国集团领导人杭州峰会期间展开"西湖长谈"，达到了增信释疑的重要目标。

2017年特朗普就任美国总统后，习近平主席多次与其通话通信，积极引导中美关系发展方向。2017年4月，习近平主席同特朗普总统在美国海湖庄园举行会晤。习近平主席指出，我们有一千条理由把中美关系搞好，没有一条理由把中美关系搞坏。合作是中美两国唯一正确的选择，我们两国完全能够成为很好的合作伙伴。中美双方宣布建立外交安全对话、全面经济对话、执法及网络安全对话、社会和人文对话等4个高级别对话机制。同年11月，特朗普总统对中国进行国事访问。双方同意加强两国高层和各级别交往，扩大经贸、科技、文化等各领域交往合作。美国新一届政府就任之后，中美关系开局基本平稳。

两国各领域交流合作稳步推进。2017年，中美双边货物贸易额达5837亿美元，同比增长12.3%。中方顺差2758.2亿美元，同比增长9.9%。美国是中国第六大进口来源地和第一大出口市场，中国是美国第三大出口市场和第一大进口来源地。两国双向投资累计超过2300亿美元。2017年，中国企业在美国非金融类直接投资达78.1亿美元。据中国商务部统计，截至2017年12月底，美国累计在华设立企业约6.84万家，实际投资超过830亿美元。中美在教育、科技、文化、体育、旅游、卫生、执法等领域交往频繁，各项合作不断取得新进展。目前，两国已经建立 49 对友好省州和 222 对友好城市。2017 年中美两国人员往来 532.7 万人次。美国商务部数据显示，2017 年中国共有 301.77 万人次访美。中国是美国第一大国际学生来源国，2017 年中国有 18.21 万人赴美留学。截至 2017 年底，中国有 41.91 万人在美留学，美国有 2.39 万人在华学习。双方还就朝核等重大国际和地区问题保持密切沟通与协调。

然而，2017 年底至 2018 年初，美国接连发布《国家安全战略报告》《国防战略报告》《核态势审议报告》等战略文件，将中国视为美国"战略竞争者"后，2018 年以来美方在台湾、南海、涉藏、涉疆等问题上采取了一系列损害中方利益的举措，尤其是不顾中方坚决反对，执意挑起中美贸易摩擦，先后对 2500 亿美元中国输美产品加征关税，加强对华出口管制和中资企业在美投资限制，并威胁采取其他关税升级措施。中方与美方就经贸问题进行多轮沟通磋商，同时对美方进行了坚决有力斗争并采取必要反制，维护中方利益。

发展中美关系是一个长期、曲折、复杂的过程，不可能一蹴而就。习近平总书记指出，今天中美关系已经变成你中有我、我中有你的利益共同体。只要本着坚韧不拔、锲而不舍的精神，我们就一定能谱写中美关系新的历史篇章，中美两国一定能为人类美好未来作出新的贡献。

二、中俄全面战略协作伙伴关系保持高水平运行

中俄互为最大邻国，两国关系历经国际风云检验，日益显示出

坚韧性和稳定性。双方在全球战略稳定的重大问题上紧密协作，在欧亚地区振兴的发展战略上加强对接。当前，中俄全面战略协作伙伴关系处于历史最好时期。中俄关系作为中国外交的优先方向，通过两国元首多年来高瞻远瞩的战略引领和顶层设计，向着更高水平、更宽领域、更深层次不断迈进。

政治上，两国元首多次会晤，在重大国际问题上加强协调并达成共识。2013年，习近平同志当选中国国家主席后，普京总统是与习近平主席通话的首位外国元首。俄罗斯也是习近平主席出访的首个国家。2014年新年伊始，习近平主席应邀赴索契出席冬奥会开幕式，开创了中国国家元首赴境外出席大型国际体育赛事的先例。2015年中国人民抗日战争暨世界反法西斯战争胜利70周年之际，两国元首分别赴对方国家出席庆典活动，进一步宣示了双方共同维护第二次世界大战胜利成果和以联合国为核心的战后国际秩序的坚定决心。2016年6月普京总统访华期间，两国元首签署并发表3份重量级联合声明，彰显了中俄在一系列重大双边和国际地区问题上的一致立场。2017年5月，普京总统应邀来华出席"一带一路"国际合作高峰论坛，明确表示支持并愿积极参与"一带一路"建设，释放了中俄共同推动建设开放型世界经济的有力信号。同年7月，普京总统在克里姆林宫向习近平主席授予俄罗斯国家最高勋章"圣安德烈勋章"。2018年6月，习近平主席在人民大会堂向普京总统颁授首枚中华人民共和国"友谊勋章"。两国元首一致同意推动中俄关系在高水平上实现更大发展。2013年至2018年，两国元首会晤27次，建立了密切的工作关系和良好的个人友谊，共同规划和引领两国关系发展。

经济上，两国务实合作稳步推进，双边贸易增长势头强劲。

满洲里：见证中俄边境贸易"升级"。一列来自俄罗斯方向的火车驶过满洲里国门
（新华社记者 张新晶/摄）

2017 年中俄双边贸易额达 840 亿美元，同比增长 20.8%。中国连续数年是俄罗斯第一大贸易伙伴，俄罗斯现已成为中国第九大贸易伙伴。中俄两国积极推进"一带一路"建设与欧亚经济联盟的对接合作，取得重要早期收获，能源、基础设施建设、航天航空等领域战略性大项目合作稳步推进、成效显著，双方还积极拓展农业、中小企业、科技创新、远东开发、北极开发等新兴合作领域，努力推动两国务实合作提质升级。

人文交流上，合作项目好戏连台。双方互办了一系列丰富多彩的交流活动。中俄"国家年""语言年""旅游年""青年友好交流年"相继成功举行。在教育方面，目前在俄中国留学生已经超过 3 万名；在旅游方面，近年来中国赴俄旅游人数明显增多，2017 年赴俄中国公民人次再创新高，中国稳居俄第一大入境旅游客源国地位；在新闻传播方面，2016 年至 2017 年是"中俄媒体交流年"，两国媒体互动频繁，成效显著；在地方合作方面，双方建立了"中国东北—俄罗斯远东"和"长江—伏尔加河"两大地方间合作交流机制，缔结 140 对友好省州及城市，2018 年至 2019 年两国共同举办"中俄地方合作交流年"。日益红火的人文交流已成为中俄双边关系发展中的一大特色，进一步巩固了两国关系发展的社会和民意基础，加深了中俄人民的友谊。

中俄在国际事务中保持密切沟通配合。双方致力于维护国际法和国际关系基本准则，反对霸凌主义和单边行径。中俄在联合国、上合组织、金砖国家、二十国集团、亚太经合组织等多边框架内密切沟通，就朝鲜半岛局势、叙利亚等热点问题开展有效协作，推动政治解决进程，积极劝和促谈。双方还就网络、外空、海洋、极地、反导、防扩散、反恐等开展良好沟通协作。中俄国际协作已成为复杂多变国际形势中的压舱石和稳定器。

三、中欧四大伙伴关系建设开花结果

中欧是当今世界的两大力量、两大市场、两大文明。中欧关系不仅事关中国和欧盟各自的发展，还会给世界政治经济格局的演变带来重大影响。

政治上，中欧高层交往不断深化，机制化对话富有成效，战略互信稳步增进。2013 年以来，习近平主席数十次会见来访的欧洲客人，也多次踏访欧洲土地，体现了对中欧关系的重视程度。2014 年习近平主席访问欧盟总部，同欧方领导人一致同意打造和平、增长、改革、文明四大伙伴关系，提升中欧全面战略伙伴关系的全球影响力。这为新形势下中欧全面战略伙伴关系发展指明了方向，赋予新的战略内涵。中欧领导人年度会晤机制于 1998 年建立，到 2018 年已经举行 20 次，对中欧关系发展起到了关键的战略引领作用。在中欧领导人会晤机制总体框架下，已形成高级别战略对话、经贸高层对话和高级别人文交流对话等中欧合作三大对话机制，对中欧关系稳定发展具有战略性意义。

2014 年，中国发布了第二份对欧盟政策文件《深化互利共赢的中欧全面战略伙伴关系——中国对欧盟政策文件》，规划了未来五到十年的合作蓝图，强调全面落实 2013 年发表的《中欧合作 2020 战略规划》，打造中欧四大伙伴关系，进一步提升中欧关系的全球影响力。2018 年中欧领导人会晤期间，双方发表了《第二十次中国欧盟领导人会晤联合声明》，就深化互利共赢的中欧全面战略伙伴关系内涵达成一系列新的合作倡议。

经济上，中欧经贸合作稳步发展，利益交融不断加深。中欧经贸关系是世界上规模最大、最具活力的经贸关系之一。欧盟连续 14 年是中国第一大贸易伙伴，中国连续 15 年是欧盟第二大贸易伙伴。根据欧盟发布的贸易统计，2017 年中国与欧盟贸易额为 5730 亿欧元，在欧盟对外贸易总额的占比由 2000 年的 5.5% 快速增至 15.3%，进一步逼近美欧贸易水平。据中方统计，国际金融危机以来，中国对欧盟出口年均增长 1.8%，欧盟对华出口年均增长 5.8%。双方合作潜力巨大，合作前景广阔。

中欧人文交流再上新台阶。根据《中欧合作 2020 战略规划》，人文合作是中欧合作的"第三支柱"。在旅游方面，2018 年是"中国—欧盟旅游年"，也是欧洲"文化遗产年"，中欧举办丰富多彩的人文交流活动，双方旅游和文化交流进一步热络。根据中方统计，2017 年访问欧盟成员国的中国公民超过 394 万人次，欧盟国家来华旅游人数达 317 万人次。每周有 600 多个航班往返于中欧之间。人文交流和旅游合作有助于拉近彼此情感距离、促进民心相通，已成为中欧务实合作的新亮点。

同时，由于历史传统、发展阶段、社会制度等差异，欧方对华政治偏见犹存，不时以人权等为名干涉中国内政，维持对华军售禁令。欧方迄今未全面彻底履行《中国加入世贸组织议定书》第 15 条义务，虽在反倾销新法中删除了非市场经济体名单，但继续保留"替代国"做法，并拟收紧外资审查。中方将继续同欧方加强战略沟通与合作，本着相互尊重、合作共赢原则加强各领域对话合作，共同维护多边主义和自由贸易，妥善管控分歧摩擦，推动中欧关系长期稳定健康发展。

第二节　深化同周边国家关系

周边是中国安身立命之所、发展繁荣之基。中国始终将周边置于外交全局的首要位置，以促进周边和平、稳定、发展为己任，始终践行亲诚惠容理念和与邻为善、以邻为伴周边外交方针，深化同周边国家睦邻友好关系。

一、中国周边环境

中国位于亚洲大陆东部中心地带。陆地边界线长约 2.2 万公里，同 10 多个邻国接壤，其中同印度、不丹尚未完成划界。海岸线长约 1.8 万公里，同 8 个国家隔海相望，部分海区存在划界争议。

当前，我国周边地区充满生机活力，有明显发展优势和潜力。周边环境总体稳定，求和平、谋稳定、促发展是地区大势，睦邻友好、互利合作是周边国家对华关系的主流。

亚洲各国政局相对平稳，国家间政治互信增强，互利合作深入，相互依存日益加深。地区大国互动频繁并总体保持合作态势。地区主要热点争议问题总体可控，未发生全局性动乱或冲突。

亚洲经济稳中有进，中长期发展前景继续看好。多数亚洲国家积极推动经济结构改革，加大基础设施建设，改善投资环境，增强金融抗风险能力。同时，受主要大国贸易保护主义、单边主义及自

中国—东盟合作助推"一带一路"建设。这是广西钦州保税港区码头

（新华社记者 黄孝邦／摄）

身结构性问题影响，亚洲国家经济仍面临培育内生动力、化解外部风险的现实课题。

亚洲区域合作势头良好，区域一体化进程取得重要进展。东盟共同体建设稳步推进，澜沧江—湄公河合作（简称"澜湄合作"）全面深化。中国—东盟、东盟与中日韩（10+3）、东亚峰会、东盟地区论坛等机制快速发展。"一带一路"建设扎实推进，战略对接、经济走廊、基础设施、产能合作等取得积极进展。

同时，亚洲不稳定、不确定因素依然突出，新老矛盾、传统与非传统安全问题交织。朝鲜半岛实现无核化、建立和平机制依然任重道远。一些域外势力仍在挑动南海矛盾。缅北及若开邦问题复杂敏感。阿富汗和谈进程波折反复。极端势力加紧向亚洲地区渗透，安全风险有所凸显。大国博弈给亚洲政治、经济、安全带来多重影响，增加了地区形势发展的不确定因素。

二、新时期周边外交目标与方针

2013年10月，党中央专门召开了新中国成立以来的首次周边外交工作座谈会，对周边外交作出顶层设计和全面部署。会议提出中国周边外交的战略目标是：服从和服务于实现"两个一百年"奋斗目标，实现中华民族伟大复兴，全面发展同周边国家的关系，巩固睦邻友好，深化互利合作，维护和用好我国发展的重要战略机遇期，维护国家主权、安全、发展利益，努力使周边同我国政治关系更加友好、经济纽带更加牢固、安全合作更加深化、人文联系更加紧密。中国周边外交的基本方针是坚持与邻为善、以邻为伴，坚持睦邻、安邻、富邻，突出体现亲诚惠容理念。

会议提出，周边外交工作要坚持睦邻友好，守望相助；讲平等、重感情；常见面，多走动；多做得人心、暖人心的事，使周边国家对我们更友善、更亲近、更认同、更支持，增强亲和力、感召力、影响力。要诚心诚意对待周边国家，争取更多朋友和伙伴。要本着互惠互利的原则同周边国家开展合作，编织更加紧密的共同利益网络，把双方利益融合提升到更高水平，让周边国家得益于我国发展，使我国也从周边国家共同发展中获得裨益和助力。要倡导包容的思想，强调亚太之大容得下大家共同发展，以更加开放的胸襟和更加积极的态度促进地区合作。

2014 年 11 月，中央召开外事工作会议，进一步突出了周边外交的重要性，强调要切实抓好周边外交工作，深化同周边国家的互利合作和互联互通，打造周边命运共同体。2017 年 10 月党的十九大和 2018 年 6 月召开的中央外事工作会议再次强调了周边外交工作的重要性。

三、不断深化同周边国家的关系

习近平总书记指出，思考周边问题、开展周边外交要有立体、多元、跨越时空的视角。当前，中国同周边国家关系站在了新的历史起点上。以习近平同志为核心的党中央全面推进中国特色大国外交，进一步明确了周边在我国外交全局中的首要地位，不断推进周边外交理念创新，提出一系列重大外交倡议，实施一系列重大外交行动，开创了周边外交新局面。

党的十八大以来，中国主要领导人足迹遍布东北亚、南亚、东南亚、欧亚、南太等地区，多数周边国家领导人到访过中国或来华出席会议，基本实现了周边高层交往的全覆盖。通过坦诚深入的对话沟通，中国与周边国家领导人之间增强政治互信，促进和深化双边或多边互利合作与人文交流，充分发挥了领导人的战略引领作用。

（一）顺应时势，打造全面均衡外交布局

推动中俄全面战略协作伙伴关系高水平运行，两国关系更加稳固可靠。加强同美国沟通协调，维护中美在亚太协调合作为主、摩擦竞争可控的局面。推动中日关系重回正常发展轨道，不断巩固中印更加紧密的发展伙伴关系。同周边国家在相互尊重、平等互利基础上，实现了共同发展与合作共赢，同周边国家伙伴关系网络更为紧密。

（二）聚焦合作，推进"一带一路"建设

习近平主席在 2013 年访问哈萨克斯坦和印度尼西亚期间，先后提出共建"丝绸之路经济带"和"21 世纪海上丝绸之路"倡议，为我国与周边国家共同发展注入强劲动力。5 年多来，"一带一路"在周边先行先试，取得重要进展。中巴经济走廊成为"一带一路"境外全要素进展最快的项目，中老铁路、中泰铁路、雅万高铁稳步推进，皎漂港、瓜达尔港、汉班托塔港等港口网络逐渐成形。扎实推进中新"互联互通国际陆海贸易新通道"、印度尼西亚"区域综合经济走廊"等标志项目。我国同周边国家产能合作走在前列，产业园区、跨境经济合作区、临港产业园初见成效。亚投行顺利运行，丝路基金正式启动。我国与周边国家相互依存和利益融合的格局更加稳固。

（三）管控热点，维护国家主权安全利益

倡导共同、综合、合作、可持续的亚洲安全观，努力走出一条共建、共享、共赢的安全之路，得到亚洲国家广泛认同和支持。积极为热点问题解决和周边和平稳定提出更多中国理念、中国方案，引导有关问题解决进程，始终保持主动有利地位。准确把握朝鲜路线调整、韩朝冬奥互动契机，推动各方对话接触，朝鲜半岛局势发生积极变化，有力维护了我国的利益。在缅北和阿富汗问题上积极斡旋，推动和解进程，维护了边陲地区稳定，树立了负责任大国形象。同东盟国家一道推动南海局势走向缓和，围绕"南海行为准则"磋商和海上务实合作取得重要进展。我国在周边安全格局中的主动地位进一步提升。

（四）加强引领，巩固和扩大区域合作势头

牢牢把握东亚区域合作的正确方向，推动中国—东盟、中日韩、东盟与中日韩（10+3）等合作机制保持发展势头；建立澜湄合作机制，积极推进"3+5+X 合作框架"和《澜沧江—湄公河合作五年行动计划（2018—2022）》；引导东亚峰会排除干扰，保持领导人引领的战略论坛定位；继续推进中日韩自贸区、《区域全面经济伙伴关系协定》谈判进程，为实现亚太自贸区目标作出不懈努力；成功举办博鳌亚洲论坛 2018 年年会，传播中国声音，唱响亚洲机遇，坚定各方对亚洲和中国发展前景的信心；积极参与亚洲合作对话进程，致力于推动泛亚合作；引领亚信安全议题设置，积极参与中国—东盟防长非正式会议、东盟地区论坛、东盟防长扩大会等区域安全合作机制，不断提升安全事务话语权。

（五）深耕细作，深化与夯实我国在周边地区的社会和民意基础

关系亲不亲，关键在民心。近年来，中国在周边地区大力推进公共外交和人文交流，弘扬亚洲文明精神，增进地区认同和国民感情；加强与周边国家政党、智库和媒体交流，传播治国理政经验，增进周边国家对我国发展道路和治理经验的理解和认同；扩大对周边国家医疗卫生、教育、扶贫等民生领域资源投放，推动有实力的社会组织"走出去"，全方位推进民生援助工作，巩固民意基础；积极推动同周边各国开展文化、体育、青年、媒体等各领域交流和对话，举办中国文化年、语言年、旅游年，展现中华文明深厚底蕴，树立开放、包容、合作的良好形象。

第三节　加强与发展中国家团结合作

中国作为世界上最大的发展中国家，广大发展中国家是我们在国际事务中的重要同盟军。我们要坚持正确义利观，切实加强同发展中国家团结合作，把我国发展与广大发展中国家共同发展紧密联系起来。

一、始终秉持正确义利观

中国始终把加强同发展中国家的团结合作作为对外政策的基本立足点，同广大发展中国家在争取民族独立、推动国家发展的事业

中相互支持、相互帮助，同呼吸、共命运，建立了牢固的关系，结下了深厚的情谊，长期以来向发展中国家提供力所能及的无私援助。广大发展中国家坚定支持中国维护国家主权、捍卫民族尊严的斗争，在维护发展中国家正当权益的进程中与中国并肩战斗。同为发展中国家，相似的发展阶段使中国与其他发展中国家发展目标一致。共同的国际经济政治地位，使中国与其他发展中国家在一系列全球性问题和重大国际及地区热点问题上看法相似、立场相近。

习近平总书记指出，对周边和发展中国家，一定要坚持正确义利观。义，是我们共产党人、社会主义国家的理念。这个世界上一部分人过得很好，一部分人过得很不好，不是个好现象。真正的快乐幸福是大家共同快乐、共同幸福。我们希望全世界共同发展，特别是希望广大发展中国家加快发展。利，就是要恪守互利共赢原则，不搞我赢你输，要实现双赢。我们有义务对贫穷的国家给予力所能及的帮助，有时甚至要重义轻利、舍利取义，绝不能唯利是图、斤斤计较。

只有坚持正确义利观，才能把工作做好、做到人的心里去。政治上要秉持公道正义，坚持平等相待，遵守国际关系基本原则，反对霸权主义和强权政治，反对为一己之私损害他人利益、破坏地区和平稳定。经济上要坚持互利共赢、共同发展。对那些长期对华友好而自身发展任务艰巨的周边和发展中国家，要更多考虑对方利益，不要损人利己、以邻为壑。

"义利相兼，以义为先"，既凝结了中华优秀传统文化的道德精髓，也体现了当今中国在国际社会中的行为准则；既是中国外交思想的理念创新，也是中国外交实践的指导原则。

近年来，中国的发展壮大越来越受到国际社会的认可和欢迎，但外界误解、抹黑中国形象的声音不绝于耳。正确义利观的提出恰逢其时，起到了增信释疑的作用，为新时期中国与广大发展中国家交往提供了行动指南。

二、大力推动与发展中国家团结合作

党的十八大以来，我国加强了与广大发展中国家的高层交往，不断提升中国与其他发展中国家之间的合作关系。

中非友好是中国外交的传统，中国与非洲国家是患难之交，患难之交不能忘。中国高度重视对非关系。2013 年 3 月 25 日，习近平主席在坦桑尼亚尼雷尔国际会议中心发表题为《永远做可靠朋友和真诚伙伴》的演讲，提出了真实亲诚的对非合作理念。习近平主席表示，对待非洲朋友，我们讲一个"真"字；开展对非合作，我们讲一个"实"字；加强中非友好，我们讲一个"亲"字；解决合作中的问题，我们讲一个"诚"字。

习近平：永远做可靠朋友和真诚伙伴

中国始终秉持真实亲诚理念和正确义利观，不断深化中非传统友谊，为中非全面战略合作伙伴关系在新时代的发展开辟了广阔空间。

中非战略互信迈上新高度。5 年来，中非高层交往空前频繁，政治引领不断加强。中国同非洲国家的伙伴关系体系建设不断完善，截至 2018 年底，已同 24 个非洲国家建立了战略伙伴或全面合作伙伴关系。中非关系定位由新型战略伙伴关系提升为全面战略合作伙伴关系。冈比亚、圣多美和普林西比、布基纳法索先后同中国复交，重返中非友好大家庭。

中非务实合作焕发新光彩。2017 年中非贸易额达 1700 亿美元，中国连续 9 年成为非洲第一大贸易伙伴国。中国在非洲各类投资超过 1000 亿美元，较 2000 年增长上百倍。非洲国家将"一带一路"合作视为拓展中非合作的新机遇。中非都希望将"一带一路"建设同落实非洲联盟《2063 年议程》以及非洲各国发展战略紧密对接。2015 年中非合作论坛约翰内斯堡峰会以来，中国全面落实约翰内斯堡峰会上确定的中非"十大合作计划"。一大批铁路、公路、机场、港口等基础设施以及经贸合作区陆续建成或正在建设之中。

中非人文与和平安全合作呈现新气象。党的十八大以来，中非已举办百余场人文交流活动，实施 200 多个人文合作项目。我国在非洲 42 个国家设有 55 所孔子学院和 30 所孔子课堂。2017 年非洲来华旅游 60 多万人次，同比增长 4.4%，中国赴非旅游人次超百万。中国积极、建设性地参与非洲和平安全事务，支持非洲国家自主解决非洲问题。2015 年习近平主席在联合国维和峰会上宣布，未来 5 年向非盟提供 1 亿美元无偿军事援助，首次在联合国场合打出"一揽子"对非军援，支持非盟加快非洲常备军和危机应对快速反应部队建设。同年，中方倡议召开"支持伊加特南苏丹和平进程专门磋商"，首次就非洲热点问题倡议举行调解会议。中国积极参与联合国在非洲维和及护航行动，现有 2000 多名维和人员部署在非洲 5 个联合国任务区，已派出近 31 批舰艇编队在亚丁湾、索马里海域开展护航行动，为 6000 多艘中外船只护航。

中非团结协作作出新贡献。中国在多边场合特别是安理会审议非洲问题时一直为非洲仗义执言。非洲国家在台湾、南海等涉及中国核心利益和重大关切问题上给予中国坚定支持。中非在气候变化、《2030 年可持续发展议程》等重大国际问题上密切配合，坚定维护中非和发展中国家的共同利益。

2018年9月，中非合作论坛北京峰会召开。习近平主席提出未来3年和今后一段时间重点实施"八大行动"。通过此次论坛，中国同非方加强了思想理念沟通和战略对接，加强了对中非关系发展的顶层设计。双方通过构建更加紧密的中非命运共同体，为构建人类命运共同体发挥示范和引领作用。

拉美和加勒比是当今世界发展中国家最集中的地区之一，也是最具增长潜力的新兴地区之一，在中国外交工作布局中占有重要地位。近年来，在习近平主席倡议和亲自推动下，中拉关系不断深化发展。中国同拉美国家建立了平等互利、共同发展的中拉全面合作伙伴关系，共同创立了中国—拉美和加勒比国家共同体论坛，还提出共同构建政治上真诚互信、经贸上合作共赢、人文上互学互鉴、国际事务中密切协作、整体合作和双边关系相互促进的"五位一体"新格局，打造中拉携手共进的命运共同体，共同构建"1+3+6"合作新框架。2018年1月，中拉论坛第2届部长级会议成功举行。习近平主席向会议致贺信，倡议中拉共建"一带一路"新蓝图，打造一条跨越太平洋的合作之路，得到拉方积极响应。会后，中拉双方共同发表《关于"一带一路"倡议的特别声明》，标志着共建"一带一路"倡议正式延伸至拉美。双方正以共建"一带一路"为契机，推动实现中拉合作优化升级、创新发展，建设新时代平等、互利、创新、开放、惠民的中拉关系，加快打造中拉命运共同体。

中国和阿拉伯国家友谊源远流长、历久弥新，在古丝绸之路上"舟舶继路、商使交属"；在争取民族独立和人民解放的斗争中并肩奋斗、患难与共；在各自国家建设事业中相互支持、合作共赢。中阿始终是互惠互利的好伙伴、同甘共苦的好兄弟。习近平主席于 2014 年、2016 年、2018 年 3 次面向阿拉伯世界发表重要政策性讲话，双方建立起全面合作、共同发展、面向未来的中阿战略伙伴关系。

对中东事务，双方一致主张尊重主权，倡导对话协商和包容性和解，反对搞压制性妥协和恐怖主义，支持加强综合施策、抓好民生建设。共建"一带一路"倡议得到了阿拉伯世界的广泛支持，双方积极推动构建以能源合作为主轴，以基础设施建设、贸易和投资便利化为两翼，以核能、航天卫星、新能源三大高新领域为新的突破口的"1+2+3"合作格局。双方签署了《中阿合作共建"一带一路"行动宣言》，就推动共建"一带一路"的重要领域、优先方向、行动举措等达成重要共识。中国设立"以产业振兴带动经济重建专项计划"，主动参与该地区港口、铁路网等互联互通项目建设，积极推动油气合作、低碳能源合作"双轮"转动，努力实现金融合作、高新技术合作"两翼"齐飞，支持建立产能合作金融平台，并结合阿拉伯国家中长期发展战略规划，加强在数字经济、人工智能、新材料、生物制药、智慧城市等领域合作。在人文交流方面，中阿成立了新闻交流中心，启动了电子图书馆门户网站，同时还定期互办艺术节，增进了双方人民的相互了解和友谊。

[延伸阅读]

习近平主席向俄罗斯总统普京授予首枚"友谊勋章"

2018 年 6 月 8 日，在人民大会堂金色大厅，习近平主席举行隆重颁授仪式，向俄罗斯总统普京授予首枚中华人民共和国"友谊勋章"。

在授勋仪式上，习近平主席发表讲话指出，中华人民共和国"友谊勋章"是中国国家对外最高荣誉勋章，授予在支持中国现代化建设、促进中外交流合作、维护世界和平中作出杰出贡献的外国友人。普京总统是具有世界影响的大国领袖，也是中国人民的老朋友、好朋友。正是得益于普京总统多年来的高度重视和亲自推动，中俄关系经受住了国际风云变幻的考验，政治和战略互信不断深化，各领域务实合作得到长足发展，两国人民友谊不断深化。高水平的中俄关系造福了两国人民，堪称当今世界大国、邻国和谐共处的典范，为推动构建新型国际关系、构建人类命运共同体作出了重要贡献。

习近平主席强调，这枚沉甸甸的"友谊勋章"代表了中国人民对普京总统的崇高敬意，更象征着中国和俄罗斯两个伟大民族的深厚友谊。站在新起点上，我愿继续同普京总统一道，秉持睦邻友好、战略协作、合作共赢的精神，共同引领中俄关系迈向更加辉煌的未来。

普京总统致答辞表示，这不仅是给予我个人的最高荣誉，更体现了俄中全面战略协作伙伴关系的高水平和中国人民对俄罗斯人民的深情厚谊。我们珍惜俄中全面战略协作伙伴关系。两国战略合作的坚实基础是两国元首之间的友谊和两国人民之间的感情。我将珍藏这枚意义非凡的勋章，并愿同习近平主席携手努力，共同致力于俄中繁荣昌盛。

中国倡议与湄公河国家建立澜湄合作机制

澜湄合作是近年来中国周边外交的一大亮点。澜湄合作包括中国、柬埔寨、老挝、缅甸、泰国、越南6个成员国。宗旨是深化澜湄6国睦邻友好和务实合作，促进沿岸各国经济社会发展，打造澜湄流域经济发展带，共建澜湄国家命运共同体。该机制将增进各国人民福祉，助力东盟共同体建设和地区一体化进程，为推进南南合作和落实联合国《2030年可持续发展议程》作出新贡献。主要机制有领导人会议、外长会、高官会、外交及各优先领域联合工作组会。

2014年11月，国务院总理李克强在第17次中国—东盟领导人会议上提出建立澜湄合作机制，受到湄公河国家热烈欢迎。2015年11月，澜湄合作首次外长会议在云南景洪举行。2016年3月，澜湄合作首次领导人会议在海南三亚举行，全面启动澜湄合作进程。会议确立了"3+5合作框架"，即坚持政治安全、经济和可持续发展、社会人文为三大支柱，优先在互联互通、产能、跨境经济、水资源以及农业和减贫五大领域开展合作。2018年1月，澜湄合作第2次领导人会议在柬埔寨金边举行，标志澜湄合作从培育期迈向成长期。会议决定逐步形成"3+5+X 合作框架",进一步拓展合作领域。2017 年以来,6 国均成立了澜湄合作国家秘书处或协调机构,各个优先领域联合工作组全部建立。澜湄水资源合作中心、环境合作中心和全球湄公河研究中心已投入运作。多层次、宽领域的合作机制为务实合作提供了强有力的支撑。

澜湄合作符合各国发展的共同需求,有力推动了地区各国的合作共赢。2017 年,中国同湄公河国家贸易额超过 2200 亿美元,同比增长 16%;中国累计对 5 国投资超过 420 亿美元,2017 年投资额比 2016 年增长 20%以上;累计签署承包工程合同总额超过 1400 亿美元。两年多来,中国与 5 国新增航线 330 多条。2017 年中国与 5 国人员往来近 3000 万人次。澜湄合作已成为本地区最具活力和发展潜力的合作机制之一。

澜湄合作是践行亲诚惠容周边外交工作理念的重要实践,是共建"一带一路"进程中次区域合作的典范,是推动建设新型国际关系的生动实践和构建人类命运共同体的先行版。

本章小结

打造更加紧密的全球伙伴关系网是中国特色大国外交的重要组成部分。中国提倡的伙伴关系具有寻求和平合作、坚持平等相待、倡导开放包容、强调共赢共享的鲜明特征。中国已经同100多个国家和区域组织建立了不同形式的伙伴关系，实现对大国、周边和发展中国家伙伴关系的全覆盖。

展望未来，中国愿本着对话而不对抗、结伴而不结盟的思路，与各国建立平等、开放、合作的伙伴关系，并以此为路径，加快构建以合作共赢为核心的新型国际关系，并朝着打造人类命运共同体这一长远目标作出不懈努力。

【重要术语解释】

1. **新型大国关系**：以相互尊重、合作共赢的合作伙伴关系为核心特征的大国关系，崛起国和既成大国之间处理冲突和矛盾的新方式。

2011年1月胡锦涛主席访美期间，两国元首就建立相互尊重、互利共赢的中美合作伙伴关系达成共识；2012年2月，习近平副主席访美期间，就如何落实两国元首共识，进一步提出要构建"前无古人，后启来者"的新型大国关系倡议。同年5月，在北京召开的中美战略与经济对话期间，双方将构建中美"新型大国关系"作为主题，这一概念被高调推出。2013年6月，习近平主席同奥巴马总统在安纳伯格庄园会晤，双方达成共同努力构建中美新型大国关系的重要共识。2014年11月，在奥巴马总统访华期间，习近平主席又提出从6个重点方向推进中美新型大国关系建设。

构建中美新型大国关系，代表着一种崭新的国际关系理念，是用一种新思维、新眼光来看待和规划中美关系前景。这种新型大国关系的核心内容是"不冲突不对抗、相互尊重、合作共赢"。

2. 区域全面经济伙伴关系（Regional Comprehensive Economic Partnership，RCEP）：由东盟10国发起，邀请中国、日本、韩国、澳大利亚、新西兰、印度共同参加（10+6），通过削减关税及非关税壁垒，建立16国统一市场的自由贸易协定。RCEP是应对经济全球化和区域经济一体化的发展而提出的。由于推动全球自由贸易的世界贸易组织谈判受阻，面对经济全球化中的一些负面影响，要想在当前世界经济中立于不败之地并有新发展，就必须加强区域经济一体化。为此，部分国家之间通过实施"零"关税，相互开放市场，密切合作关系，来寻求合作发展。RCEP的目标是消除内部贸易壁垒、创造和完善自由的投资环境、扩大服务贸易，还将涉及知识产权保护、竞争政策等多领域，自由化程度将高于目前东盟与这6个国家已经达成的自贸协议。若RCEP谈成，将涵盖约35亿人口，国内生产总值总和将达23万亿美元，占全球总量的1/3，所涵盖区域也将成为世界最大的自贸区。

3. 中拉"1+3+6"合作新框架："1"是"一个规划"，即制定《中国与拉美和加勒比国家合作规划（2015—2019）》。"3"是"三大引擎"，即以贸易、投资、金融合作为动力，推动中拉务实合作全面发展。"6"是"六大领域"，即以能源资源、基础设施建设、农业、制造业、科技创新、信息技术为合作重点，推进中拉产业对接。

【思考题】

1. 如何理解新时代构建中美新型大国关系的重要性和复杂性？

2. 亲诚惠容的周边外交理念提出的背景和重要性是什么？

3. 为什么说发展中国家是中国在国际事务中的重要同盟军？

第七章

坚持互利共赢的开放战略

第一节　扎实推进"一带一路"建设

2013年9月和10月，习近平主席在出访中亚和东南亚国家期间，先后提出共建"丝绸之路经济带"和"21世纪海上丝绸之路"倡议，合称为共建"一带一路"倡议，得到国际社会高度关注。

2018年8月27日，习近平总书记出席推进"一带一路"建设工作5周年座谈会并发表重要讲话强调，共建"一带一路"顺应了全球治理体系变革的内在要求，彰显了同舟共济、权责共担的命运共同体意识，为完善全球治理体系变革提供了新思路新方案。我们要坚持对话协商、共建共享、合作共赢、交流互鉴，同共建"一带一路"国家谋求合作的最大公约数，推动各国加强政治互信、经济互融、人文互通，一步一个脚印推进实施，一点一滴抓出成果，推动共建"一带一路"走深走实，造福共建"一带一路"国家人民，推动构建人类命运共同体。

一、共建"一带一路"倡议提出的背景

当今世界正发生复杂深刻的变化，国际金融危机深层次影响继续显现，世界经济缓慢复苏、发展分化，国际投资贸易格局和多边投资贸易规则酝酿深刻调整，各国面临的发展问题依然严峻。共建"一带一路"顺应世界多极化、经济全球化、文化多样化、社会信息化的潮流，秉持开放的区域合作精神，致力于维护全球自由贸易体系和开放型世界经济。共建"一带一路"旨在促进经济要素有序自由流动、资源高效配置和市场深度融合，推动沿线各国实现经济政策协调，开展更大范围、更高水平、更深层次的区域合作，共同打造开放、包容、均衡、普惠的区域经济合作架构。共建"一带一路"符合国际社会的根本利益，彰显人类社会共同理想和美好追求，是国际合作以及全球治理新模式的积极探索，将为世界和平发展增添新的正能量。

共建"一带一路"致力于亚欧非大陆及附近海洋的互联互通，建立和加强与共建"一带一路"国家互联互通伙伴关系，构建全方位、多层次、复合型的互联互通网络，实现多元、自主、平衡、可持续的发展。"一带一路"的互联互通项目将推动各国发展战略的对接与耦合，发掘区域内市场的潜力，促进投资和消费，创造需求和就业，增进各国人民的人文交流与文明互鉴，让各国人民相逢相知、互信互敬，共享和谐、安宁、富裕的生活。

当前，中国经济和世界经济高度关联。中国一以贯之地坚持对外开放的基本国策，构建全方位开放新格局，深度融入世界经济体

系。推进"一带一路"建设既是中国扩大和深化对外开放的需要，也是加强和亚欧非及世界各国互利合作的需要，中国愿意在力所能及的范围内承担更多责任义务，为人类和平发展作出更大的贡献。

二、"一带一路"建设的顶层设计

"一带一路"是促进共同发展、实现共同繁荣的合作共赢之路，是增进理解信任、加强全方位交流的和平友谊之路。中国将秉持和平合作、开放包容、互学互鉴、互利共赢的丝绸之路精神，坚持共商共建共享原则，全方位推进务实合作，与世界各国共同打造政治互信、经济融合、文化包容的利益共同体、责任共同体和命运共同体。

（一）共建"一带一路"倡议的核心内容

政策沟通、设施联通、贸易畅通、资金融通和民心相通，是共建"一带一路"倡议的核心内容。习近平总书记多次深入阐释"五通"内涵，提出深化"五通"合作的务实举措。促进"一带一路"国际合作，以"五通"为抓手，广泛凝聚合作共识，全面提升合作水平。加强政策沟通，形成政策协调、规划对接的合力，促进相关国家协同联动发展，不断夯实"一带一路"建设的政治基础；加强设施联通，以重大项目和重点工程为引领，不断完善"一带一路"建设的基础设施网络；加强贸易畅通，促进贸易和投资自由化便利化，不断释放互利合作的活力；加强资金融通，深化金融领域合作，不断健全"一带一路"建设的多元化投融资体系；加强民心相通，不断搭建与世界各国友好往来的桥梁，促进不同文明互学互鉴、各国民众相知相亲。

（二）共建"一带一路"的合作框架

"六廊六路多国多港"是共建"一带一路"的主体框架，为各国参与"一带一路"合作提供了清晰的导向。"六廊"是指新亚欧大陆桥、中蒙俄、中国—中亚—西亚、中国—中南半岛、中巴和孟中印缅六大国际经济合作走廊。"六路"是指铁路、公路、航运、航空、管道和空间综合信息网络，是基础设施互联互通的主要内容。"多国"是指一批先期合作国家。中国既要与各国平等互利合作，也要结合实际与一些国家率先合作，争取形成有示范效应的、体现"一带一路"理念的合作成果。"多港"是指若干保障海上运输大通道安全畅通的合作港口，通过与"一带一路"有关国家共建一批重要港口和节点城市，进一步繁荣海上合作。

（三）"一带一路"建设的美好愿景

习近平主席在首届"一带一路"国际合作高峰论坛上指出，要将"一带一路"建成和平之路、繁荣之路、开放之路、创新之路、文明之路。这是各国共同推进"一带一路"建设的美好愿景。

坚持合作共赢，努力建成和平之路。着力构建以合作共赢为核心的新型国际关系，打造对话不对抗、结伴不结盟的伙伴关系。推动各国加强合作，通过对话化解分歧，坚持政治解决；通过协商解决争端，坚持公道正义；努力消除贫困落后和社会不公，营造共建共享的安全格局，打造和谐家园，建设和平世界。

习近平：携手推进"一带一路"建设

坚持共建共享，努力建成繁荣之路。聚焦发展这个根本性问题，打破发展瓶颈，缩小发展差距，共享发展成果。抓住产业这一经济之本，推动各国深入开展产业合作；畅通金融这一现代经济的血脉，建立稳定、可持续、风险可控的金融保障体系；夯实设施联通这一合作发展的基础，着力推动陆上、海上、天上、网上"四位一体"的联通，实现经济大融合、发展大联动、成果大共享。

坚持开放包容，努力建成开放之路。以开放为导向，解决经济增长和平衡问题。着力打造开放型合作平台，维护和发展开放型世界经济，推动构建公正、合理、透明的国际经贸投资规则体系，促进贸易和投资自由化便利化，促进生产要素有序流动、资源高效配置、市场深度融合；妥善解决发展失衡、治理困境、数字鸿沟、收入差距等问题，努力实现在开放中合作、在合作中共赢。

坚持创新驱动，努力建成创新之路。大力推进创新驱动发展，抓住新工业革命的发展新机遇，推动大数据、云计算、智慧城市建设；着力优化创新环境，促进科技同产业、科技同金融深度融合，更好集聚创新资源，成就各国青年的创新梦想；大力倡导绿色、低碳、循环、可持续的生产生活方式，共同实现 2030 年可持续发展目标。

坚持交流互鉴，努力建成文明之路。建立多层次人文合作机制，在教育、文化、体育、卫生等领域搭建更多合作平台、开辟更多合作渠道，以文明交流超越文明隔阂、以文明互鉴超越文明冲突、以文明共存超越文明优越，让合作更加包容、合作基础更加坚实，让广大民众成为"一带一路"建设的主力军和受益者。

三、"一带一路"建设的重大意义

"一带一路"建设是习近平总书记深刻思考人类前途命运以及

中国和世界发展大势，为促进全球共同繁荣、打造人类命运共同体所提出的宏伟构想和中国方案，是习近平新时代中国特色社会主义思想的有机组成部分，开辟了我国参与和引领全球开放合作的新境界。"一带一路"建设是纵贯古今、统筹陆海的世纪蓝图，是"百年大计"，具有十分重要和深远的意义。

（一）"一带一路"建设是我国扩大对外开放的重大举措和经济外交的顶层设计

习近平总书记反复强调，开放带来进步，封闭必然落后。在长期的革命、建设和改革实践中，中国共产党对开放规律的认识不断深化。党的十八大以来，开放型经济的基础和条件发生深刻变化，中国与世界的互动关系也发生了历史性演变。"一带一路"建设是习近平总书记深刻洞察这一新时代特点，将我国发展置于更广阔国际空间来谋划的主动开放之举，标志着中国共产党的开放理论实现了从指导我国开放到推动世界各国共同开放的伟大历史转变，彰显了中国特色社会主义道路自信、理论自信、制度自信和文化自信。

（二）"一带一路"建设是为破解人类发展难题而提供的中国方案

回顾数千年人类发展史，人类社会始终充满着对美好生活的向往和追求。2008 年国际金融危机爆发后，世界经济深度调整，贫富分化加剧，反全球化、民粹主义思潮抬头并愈演愈烈，发展不平衡、不充分的问题日益凸显。"一带一路"建设致力于缩小发展鸿沟，旨在从根本上化解造成各种冲突和矛盾的根源，是习近平总书记着眼于各国人民追求和平与发展的共同梦想提出的发展合作倡议，是为破解全球发展难题贡献的中国智慧。

（三）"一带一路"建设是探索全球治理新模式、推动构建人类命运共同体的新平台

进入 21 世纪以来，国际形势风云变幻，国际格局深度调整，全球治理体系处在一个变革的历史转折点上。在这一大背景下，"一带一路"建设应运而生。作为我国为完善全球治理而提出的重要公共产品，"一带一路"建设强调求同存异、兼容并蓄，坚持继承创新、主动作为，给予各国平等参与全球事务的权利，推动现有国际秩序、国际规则增量改革，受到国际社会高度评价。"一带一路"建设顺应了全球治理体系变革的内在诉求，彰显了同舟共济、权责共担的人类命运共同体意识，为完善全球治理提供了全新的平台。

（四）"一带一路"建设是新时代中国特色社会主义的伟大开放实践

经过 40 年的改革开放，我国已经步入了深度开放、积极参与、主动引领的新开放时代。其中，"一带一路"建设是处在统领地位的。5 年来，在习近平总书记的亲自谋划、亲自推动和亲自领导下，"一带一路"建设取得了辉煌的成绩。实践证明，"一带一路"建设开创了中国特色社会主义开放发展新实践，丰富和发展了我们党新时代治国理政的新理念。

四、"一带一路"建设取得的丰硕成果

从习近平总书记 2013 年提出共建"一带一路"倡议到现在的

5年来，共建"一带一路"倡议已从理念到行动，发展成为实实在在的国际合作，增进了战略互信，凝聚了国际共识。成果从无到有、由点及面，取得了举世瞩目的成就。

一是凝聚了国际社会广泛共识。共建"一带一路"倡议得到140多个国家和地区的积极响应和支持。截至2018年12月20日，我国已与122个国家签署了143份"一带一路"合作文件，与29个国际组织签署了27份合作文件，签署范围涵盖亚洲、欧洲、非洲、拉丁美洲、南太平洋等地区和相关国家组织。首届"一带一路"国际合作高峰论坛形成的279项成果，有265项已完成或可转为常态化工作，14项正在有序推进，落实率达95%。

二是推动了基础设施互联互通。蒙内铁路建成投入运营，中老铁路、中泰铁路、雅万高铁、匈塞铁路建设积极推进。瓜达尔港停靠首艘集装箱班轮，阿联酋哈利法港二期项目开工建设。中吉乌国际公路货运正式运行。中俄原油管道复线工程投入运营，中缅原油管道工程正式投运，亚马尔液化天然气项目正式投产。数字（网上）丝绸之路建设有序推进。中欧班列已成为"一带一路"建设的标志性品牌，已累计开行突破1.2万列，特别是2018年以来，开行质量明显改善，回程数量大幅增长。

三是促进了投资贸易便利化。2013年至2017年，中国与有关国家货物贸易额累计超过5万亿美元，对外直接投资超过700亿美元。在有关国家建设82个境外经贸合作区，累计投资超过280亿美元。中白工业园等境外合作园区成为我国企业到沿线国家投资的重要载体。与40个重点国家签署了产能合作文件。与马尔代夫、格鲁吉亚签署了双边自贸协定。与欧亚经济联盟正式签署经贸合作协定。

四是加大了资金融通力度。推动成立亚投行、丝路基金、中

2018 年 8 月 26 日，X8044 次中欧班列（汉堡—武汉）到达武汉吴家山铁路集装箱中心站，中欧班列累计开行数量达到 10000 列

（新华社记者　肖艺九 / 摄）

国—中东欧合作基金等双多边金融合作机构。与 26 个国家共同核准《"一带一路"融资指导原则》。截至 2018 年 6 月，国家开发银行、进出口银行以及各商业银行等多家中资金融机构为"一带一路"项目提供信用贷款、股权投资等金融支持，11 家中资银行在共建"一带一路"国家设立了 71 家一级机构，参与项目 2700 个，发放贷款超过 2000 亿美元，累计授信 4000 亿美元。与 24 个共建"一带一路"国家签订 1.4 万亿元人民币的双边本币互换协议，在 7 个共建国家建立人民币清算安排。

　　五是深化了民心相通。推动与相关国家在科技、教育、文化、卫生、旅游等领域的合作，促进政党、智库、友城、社会组织等方面的交流。每年向相关国家提供 1 万个政府奖学金名额，有的地方政府设立了丝路专项奖学金。组建国际发展合作署，加强对外援助力度。"一带一路"框架下的双向旅游交流的规模超过 2500 万人次。印发《关于加强"一带一路"软力量建设的指导意见》。发起成立"一带一路"绿色发展国际联盟倡议。同数十个国家签订文化合作协定。"一带一路"官方网站实现 6 种语言版本同步运行。

经过 5 年的努力，共建"一带一路"的国际认同日益增强，合作伙伴日益扩展，建设成效日益彰显。面对纷繁复杂的国际和地区形势，共建"一带一路"倡议以包容开放的理念和具体务实的行动，有力地促进了各国经济繁荣与全球经济的复苏，推动了不同文明的交流互鉴与世界的和平发展。

五、"一带一路"建设安全保障工作稳步推进

随着"一带一路"建设全面深入推进，也要看到，当今世界正处于大发展大变革大调整时期，国际形势波谲云诡，我国同有关国家共建"一带一路"面临的沿线地区恐怖袭击、大国博弈、负面舆情、社会治安等安全风险将更趋复杂严峻。做好"一带一路"建设安全保障工作的必要性和紧迫性不断上升。

习近平总书记在推进"一带一路"建设工作 5 周年座谈会上强调，要高度重视境外风险防范，完善安全风险防范体系，全面提高境外安全保障和应对风险能力。这要求我们在推动"一带一路"向高质量发展转变的同时，必须全面贯彻落实总体国家安全观，统筹发展和安全两件大事，增强忧患意识，坚持底线思维，做到居安思危，既要有防范风险的先手，也要有应对和化解风险挑战的高招，

为"一带一路"建设走深走实、行稳致远保驾护航。

六、"一带一路"建设与推动形成全面开放新格局

"一带一路"建设是我国扩大对外开放的重大战略举措，也是今后一段时期对外开放的工作重点。党的十八大以来，在以习近平同志为核心的党中央坚强领导下，我国对外开放取得新的重大成就。

习近平总书记在党的十九大报告中指出，要以"一带一路"建设为重点，坚持"引进来"和"走出去"并重，遵循共商共建共享原则，加强创新能力开放合作，形成陆海内外联动、东西双向互济的开放格局。这是以习近平同志为核心的党中央适应经济全球化新趋势、准确判断国际形势新变化、深刻把握国内改革发展新要求作出的重大战略部署，必将为决胜全面建成小康社会，夺取新时代中国特色社会主义伟大胜利提供有力支撑，为实现第二个百年奋斗目标和实现中华民族伟大复兴的中国梦注入强大动力。

七、推进共建"一带一路"的下一阶段工作

习近平总书记指出，经过夯基垒台、立柱架梁的 5 年，共建"一带一路"正在向落地生根、持久发展的阶段迈进。我们要百尺竿头、更进一步，在保持健康良性发展势头的基础上，推动共建"一带一路"向高质量发展转变，这是下一阶段推进共建"一带一路"工作的基本要求。要坚持稳中求进工作总基调，贯彻新发展理念，集中力量、整合资源，以基础设施等重大项目建设和产能合作为重点，解决好重大项目、金融支撑、投资环境、风险管控、安全保障

等关键问题，形成更多成果，积土成山、积水成渊，推动这项工作不断走深走实。

过去几年共建"一带一路"完成了总体布局，绘就了一幅"大写意"，今后要聚焦重点、精雕细琢，共同绘制好精谨细腻的"工笔画"。要在项目建设上下功夫，建立工作机制，完善配套支持，全力推动项目取得积极进展，注意实施雪中送炭、急对方之所急、能够让当地老百姓受益的民生工程。要在开拓市场上下功夫，搭建更多贸易促进平台，引导有实力的企业到共建"一带一路"国家开展投资合作，发展跨境电子商务等贸易新业态、新模式，注重贸易平衡。要在金融保障上下功夫，加快形成金融支持共建"一带一路"的政策体系，有序推动人民币国际化，引导社会资金共同投入基础设施、资源开发等项目，为"走出去"的企业提供外汇资金支持。要推动教育、科技、文化、体育、旅游、卫生、考古等领域交流蓬勃开展，围绕共建"一带一路"开展卓有成效的民生援助。要规范企业投资经营行为，合法合规经营，注重保护环境，履行社会责任，成为共建"一带一路"的形象大使。要高度重视境外风险防范，完善安全风险防范体系，全面提高境外安全保障和应对风险能力。

第二节　加强对外援助工作

对外援助是大国外交的重要手段。作为世界上最大的发展中国家，中国在致力于自身发展的同时，在南南合作框架内向其他发展中国家提供力所能及的援助。

新中国的对外援助始于1950年。60多年来，中国坚持不干涉他国内政原则，坚持互相尊重、平等相待、重信守诺、互利共赢，开创了具有中国特色的对外援助模式，走出了一条具有中国特色的对外援助道路，树立了南南合作的典范。

中国的对外援助，秉持正确义利观和真实亲诚理念，致力于发展和深化与广大发展中国家的友好关系和全面合作，努力促进缩小南北发展差距，推动构建新型国际关系、推动构建人类命运共同体，为实现"两个一百年"奋斗目标和中华民族伟大复兴的中国梦作出更大贡献。

一、对外援助基本情况

1950 年，中国开始向朝鲜和越南两国提供物资援助，从此开启了新中国对外援助的序幕。1955 年万隆亚非会议后，随着对外关系的发展，中国对外援助范围从社会主义国家扩展到其他发展中国家。1956 年，中国开始向非洲国家提供援助。1964 年，中国政府宣布以平等互利、不附带条件为核心的对外经济技术援助八项原则，确立了中国开展对外援助的基本方针。1971 年 10 月，在广大发展中国家的支持下，中国恢复了在联合国的合法席位，中国同更多的发展中国家建立了经济和技术合作关系，并援建了坦赞铁路等一批重大基础设施项目。

1978 年中国实行改革开放后，同其他发展中国家的经济合作由过去单纯提供援助发展为多种形式的互利合作。20 世纪 90 年代，中国在加快从计划经济体制向社会主义市场经济体制转变的过程中，开始对对外援助进行一系列改革，重点是推动援助资金来源和方式的多样化。1993 年，中国政府利用发展中国家已偿还的部分无息贷款设立援外合资合作项目基金。1995年，中国开始通过中国进出口银行向发展中国家提供具有政府援助性质的中长期低息优惠贷款。进入21世纪特别是2004年以来，在经济持续快速增长、综合国力不断增强的基础上，中国对外援助资金保持快速增长。2004年至2009年平均年增长率为29.4%。党的十八大以来，中国对外援助规模稳步扩大，领域日益广泛，方式不断创新，国际影响持续提升。

中国对外援助资金主要有3种类型：无偿援助、无息贷款和优惠贷款。无偿援助主要用于受援方在减贫、民生、社会福利、公共服务以及人道主义等方面的援助需求。无息贷款主要用于受援方在公共基础设施和工农业生产等方面的援助需求。优惠贷款主要用于支持受援方有经济效益的生产型项目、资源能源开发项目、较大规模的基础设施建设、提供大宗机电产品和成套设备。优惠贷款本金由中国进出口银行通过市场筹措，贷款利率低于中国人民银行公布的基准利率，由此产生的利息差额由国家财政补贴。

中国对外援助主要有8种方式：成套项目、一般物资、技术合作、人力资源开发合作、援外医疗队、紧急人道主义援助、援外志愿者和债务减免。

中国对外援助的主要对象是低收入发展中国家。受援国涉及亚洲、非洲、拉丁美洲、加勒比、大洋洲和东欧等地区大部分发展中国家。在援助领域分布中，中国重点关注受援国民生和经济发展，努力使援助更多地惠及当地贫困群体。

二、党的十八大以来的对外援助工作

党的十八大以来，在党中央的集中统一领导下，中国对外援助积极履行国际责任和义务，不断深化我国同广大发展中国家的友好关系和全面合作，深入推进全球治理体系变革，用实际行动为推动构建人类命运共同体作出积极贡献。

习近平主席在联合国成立 70 周年系列峰会、气候变化巴黎大会、中非合作论坛约翰内斯堡峰会、二十国集团领导人杭州峰会、金砖国家领导人厦门会晤等重大国际场合相继宣布一系列务实援助倡议和举措，提出"6 个 100"项目、中非"十大合作计划"、设立南南合作援助基金、设立南南合作与发展学院、中国—联合国和平与发展基金、金砖国家经济技术合作交流计划等重要举措，在扶贫减贫、疫病防控、气候变化、难民救助等全球和地区性问题上贡献中国智慧、提出中国方案，引领和平与发展潮流，推动全球治理体系变革。2017 年 5 月，习近平主席在"一带一路"国际合作高峰论坛上宣布"中国将在未来 3 年向参与'一带一路'建设的发展中国家和国际组织提供 600 亿元人民币援助"等系列发展合作举措，向世界展现了我国致力于促进人类共同发展的大国责任与历史担当，受到受援国和国际社会的高度评价。

基础设施建设一直是中国对外援助的重要内容。2013 年至 2017 年，根据受援国实际需要，我国政府援建农业、工业、交通运输、能源电力、信息通信等各类重大基础设施 300 余个，其中包括中巴（基斯坦）跨境光缆、中马（尔代夫）友谊大桥、柬埔寨体育场、非洲疾控中心等重大工程项目，帮助发展中国家破除基础设施发展瓶颈，有力推动了地区互联互通，共同推进了"一带一路"建设。同时，中方还实施了一系列规划咨询类项目，如中缅经济走廊规划、巴基斯坦瓜达尔市整体规划以及中尼（泊尔）、中越（南）铁路、两洋铁路等重大项目规划，与广大发展中国家分享中国项目建设和区域发展经验、共谋发展大计。

2017 年 7 月 27 日，在南非比勒陀利亚南非运输集团工厂组装车间，中南
两国技术人员对一台待组装的中国机车司机室进行内部装饰

（新华社记者　瞿健岚/摄）

民生是中国对外援助的重要领域。党的十八大以来，围绕落实
习近平总书记对外宣布的系列重大援助举措，中国在农业、教育、
卫生、减贫等领域实施了 2000 余个民生援助项目。例如，为加纳、
塞内加尔、津巴布韦等多国援建医院、学校，实施打井供水项目，
有效改善当地百姓教育、卫生和生活条件。实施东亚乡村减贫合
作示范项目，帮助老挝、柬埔寨、缅甸三国建设村级减贫合作示
范点，援建防洪工程等基础设施，提供农机具和粮种，培训农民和
技术人员，受到当地人民热烈欢迎。为亚非发展中国家实施近万例
"光明行"白内障复明手术，让因贫困无力医治的白内障患者重见光
明，很多患者摘下眼罩后，热泪盈眶地感谢中国和中国医生，"光明

行"品牌活动赢得了有关国家政府和广大民众的高度赞扬和衷心感谢。2016 年以来,中国政府通过南南合作援助基金与国际组织开展各类援助项目合作,用于应对非洲粮食危机、难民问题等全球性挑战,共同推动落实《2030 年可持续发展议程》。中国使用南南合作援助基金,通过联合国难民署、世界卫生组织、联合国儿童基金会向叙利亚、黎巴嫩、阿富汗、伊拉克等国境内难民和流离失所者,提供医疗卫生、生活物资、临时住所等人道主义援助,挽救了数百万人的生命,累计受益人口超过 500 万人,彰显了中国负责任大国形象。

中国政府历来重视与发展中国家的人力资源开发合作。我国稳步加大援外培训力度、丰富课程设置、创新培训方式,党的十八大以来,在华举办培训班共 5000 余期,累计派出各类管理人员和技术专家共 3 万人次,派出青年志愿者近 300 人次,为受援国培养各类人才近 40 万名,涵盖工业、农业、商贸、教育、医疗、环境保护、减贫等多个领域,有力提升了受援国人力资源素质,提升了可持续发展能力。按照习近平主席 2015 年 9 月在联合国成立 70 周年系列峰会上对外宣布的重大援外承诺,中国于 2016 年 4 月在北京大学挂牌成立南南合作与发展学院,旨在总结分享中国及广大发展中国家治国理政的成功经验,帮助发展中国家培养政府管理高端人才,深入推动南南合作、促进共同繁荣。2016 年 9 月,南南合作与发展学院成功招收第一批来自埃塞俄比亚、柬埔寨、牙买加等 23 个国家共 48 名博士硕士学员。在一年多的学习生活中,学员们积极参与课程学习研讨,到中国各地实地参访,直观感受中国经济的快速发展、社会的蓬勃活力,目睹了中国特色发展道路的成功实践。在 2017 年 7 月 6 日首批硕士学员毕业典礼上,柬埔寨毕业生吴俊诚说:"我在这里收获最大的就是,学习到了中国发展的经验。中国发展就像一个奇迹，通过制定清晰和精准的政策，配合政府和人民的共同努力，中国在短短 30 年的时间内就成为全球最大经济体之一。而这里的课程涵盖了国家发展的所有要义。"

近年来，世界范围内地震、飓风、洪涝、干旱等自然灾害和战乱、冲突频发，造成受灾国重大人员伤亡和财产损失。中国积极响应国际社会呼吁，及时提供紧急救灾物资或现汇援助，并根据需要派遣救援队和医疗队，帮助受灾国减轻灾害影响，尽快重建家园。2016 年 4 月，中国政府正式启动对外人道主义紧急援助部际工作机制，确保在第一时间向受援国提供必要的人道主义援助，有效提高了国际救援快速反应能力。党的十八大以来，中国累计向 70 余个国家和国际组织提供了 177 批次紧急人道主义援助，有效缓解人道主义危机，彰显我负责任大国形象，坚定了广大发展中国家对中国在关键时刻靠得住、帮上忙的信心。

三、加强新时期对外援助工作

党的十九大开启了全面建设社会主义现代化国家的新征程。党的十九大报告指出，中国将加大对发展中国家特别是最不发达国家的援助力度，促进缩小南北发展差距。

党的十九届三中全会审议通过的《中共中央关于深化党和国家机构改革的决定》《深化党和国家机构改革方案》，为充分发挥对外援助作为大国外交的重要手段作用，加强对外援助的战略谋划和统筹协调，推动援外工作统一管理，改革优化援外方式，更好服务国家外交总体布局和共建"一带一路"，组建国家国际发展合作署，负责拟定对外援助战略方针、规划、政策，统筹协调援外重大问题并提出建议等。对外援助具体执行工作仍由相关部门按分工承担。组建国家国际发展合作署，是以习近平同志为核心的党中央立足于党和国家事业发展全局作出的重大决策，是党和国家机构改革的重要内容，也是维护世界和平、促进共同发展的重大举措。

站在新的历史起点上，中国将按照党的十九大的战略部署，始终不渝走和平发展道路、奉行互利共赢的开放战略，加大对外援助力度，深化援外体制改革，积极发挥负责任大国作用，与全世界各国人民一道，共同创造人类的美好未来。

第三节　推动建设开放型世界经济

党的十九大报告提出，中国支持多边贸易体制，促进自由贸易区建设，推动建设开放型世界经济。这是习近平新时代中国特色社会主义经济思想和外交思想的重要组成部分，契合了世界各国人民要发展、要合作的时代潮流，是推动构建人类命运共同体的重要实践。

一、开放型世界经济的内涵

国际金融危机以来，世界经济面临增长动能不足、经济治理滞后、发展失衡等三大突出矛盾。在 2013 年 9 月二十国集团领导人圣彼得堡峰会上，习近平主席首次提出，我们要放眼长远，努力塑造各国发展创新、增长联动、利益融合的世界经济，坚定维护和发展开放型世界经济。此后，习近平主席在金砖国家领导人会晤、世界经济论坛2017年年会、亚太经合组织领导人非正式会议等国际场合，多次倡议构建开放型世界经济，为世界各国合作发展指明了前进方向。开放型世界经济的内涵主要体现在以下方面：

1. 发展创新，实现世界经济可持续增长。随着科技进步、人口增长、经济全球化等过去数十年推动世界经济增长的主要引擎先后进入换挡期，经济发展每迈出一步都要向改革要动力、向创新要活力。开放带来进步，封闭必然落后，全球经济治理、各国科技进步和制度创新都离不开开放的国际环境。习近平总书记登高望远，多次强调改革创新和建设开放型世界经济，为世界经济可持续增长指明了方向和途径。

2. 增长联动，实现世界经济强劲增长。世界已经成为你中有我、我中有你的地球村，各国经济社会发展"一荣俱荣、一损俱损"。目前，发达经济体仍占世界经济总量的60%以上，但新兴经济体和发展中国家对全球经济增长的贡献率已经达到80%。坚持联动发展，既能为其他经济体提供发展动力，也能为自身创造更大空间。各国特别是主要经济体要加强宏观政策协调，完善国际经济治理，促进生产要素的自由流动，拓展全球价值链，培育全球大市场。

3. 利益融合，实现世界经济平衡增长。当今世界，经济发展不平衡问题突出，南北差距扩大和贫富悬殊严重，贫困及其衍生的饥饿、疾病、社会冲突等难题困扰着许多发展中国家。据统计，全球仍有7亿多人口生活在极端贫困之中，世界基尼系数已经达到0.7左右，超过了公认的0.6危险线。习近平总书记指出，实现世界均衡发展，不可能建立在一批国家越来越富裕、另一批国家长期贫穷落后的基础之上。平衡增长不是转移增长的零和游戏，而是各国福祉共享的增长，必须积极践行包容性发展，让各国民众有更多获得感。

二、推动建设开放型世界经济的中国方案

我国是经济全球化的积极参与者和坚定支持者，也是重要建设者和受益者。习近平总书记指出，一个国家、一个民族要振兴，就必须在历史前进的逻辑中前进、在时代发展的潮流中发展。我们必须树立全球视野，更加自觉地统筹国内国际两个大局，推动经济全球化朝着更加开放、包容、普惠、平衡、共赢的方向发展。

1.反对各种形式的保护主义，推进全球贸易投资自由化便利化。近年来，反全球化思潮涌动，一些国家保护主义和内顾倾向有所上升，给世界经济贸易发展蒙上了阴影。习近平总书记曾呼吁，各国应避免以邻为壑，做开放型世界经济的倡导者和推动者，恪守不采取新的保护主义措施的承诺。我国坚持奉行互利共赢的开放战略，并以自身开放引领建设开放型世界经济。在 2014 年亚太经合组织北京领导人会议上，我国推动达成《亚太经合组织推动实现亚太自贸区北京路线图》，使亚太自贸区开启了实质性进程。在 2016 年二十国集团领导人杭州峰会上，我国推动通过了国际上首份投资政策多边纲领性文件《二十国集团全球投资指导原则》，形成支持多边贸易体制和促进构建开放型世界经济的共识，成功将中国方案转变为成员的共同行动。在 2017 年金砖国家领导人厦门会晤上，我国推动签署《金砖国家经贸合作行动纲领》，并在贸易投资便利化、服务贸易、电子商务、反对保护主义等方面达成行动共识。在博鳌亚洲论坛 2018 年年会上，习近平主席宣布了中国自主扩大开放新一轮举措。这些措施落地将为世界带来更大发展机遇。

2.积极参与世界贸易组织谈判，坚定维护多边贸易体制。世

界贸易组织现有 164 个成员，涵盖全球 98% 以上的贸易额，多边规则是经济全球化的重要制度保障。我国积极维护多边贸易体制的权威性和有效性，在世界贸易组织提出和联署谈判提案百份以上，推动贸易便利化、农业出口竞争、《信息技术协定》扩围等多项议题达成协议。下一步，我国将继续积极推进多哈回合剩余议题以及成员普遍关注的投资便利化、中小微企业、电子商务等新议题的讨论与磋商，加快加入《政府采购协定》谈判，支持对世界贸易组织进行必要的改革，以实际行动维护多边贸易体制的权威性和有效性。

3. 加快构建面向全球的高标准自由贸易区网络，推进区域经济一体化。进入 21 世纪以来，开放水平更高、灵活性更强的区域贸易安排蓬勃发展，成为经济全球化的重要引擎。我国稳步推进自由贸易区建设，截至 2018 年 11 月已与 24 个国家和地区签署了 16 个自贸协定。我国还积极推动《区域全面经济伙伴关系协定》和中日韩、中国—海合会以及中国与挪威、以色列、摩尔多瓦、巴拿马等国家的自贸协定谈判；推进中国—韩国、中国—巴基斯坦自贸协定第二阶段谈判和与秘鲁、新西兰等国家的自贸协定升级谈判；推进与加拿大、哥伦比亚、蒙古、孟加拉国等国家的自贸协定联合可行性研究，逐步构筑立足周边、辐射"一带一路"、面向全球的高标准自由贸易区网络。

4. 深化双边经贸关系，扩大同各国的利益交汇点。发达国家是我国主要经贸伙伴，2017 年美国、欧盟、日本占我国货物贸易总额的 37%，占我国服务贸易总额的 41%。巩固与发达国家的经贸合作，可以稳定我国开放型经济的基本盘。2017 年我国与共建"一带一路"国家货物贸易总额 7.4 万亿元人民币，占比 27%；与这些国家服务贸易总额978亿美元，占比14%；对沿线国家直接投资（非金融类）144亿美元，占比12%。要积极促进"一带一路"国际合作，增添共同发展新动力。要按照党的十九大要求，挖掘与各国合作潜力，加快与有关国家商签双边自贸协定和投资协定，全面发展同各国的平等互利合作，实现出口市场、进口来源、投资合作伙伴多元化。

5.构建开放合作新平台，打造共商共建共享的全球公共产品。与有关国家携手共建"一带一路"，推动全球经济增长，推动共赢共享发展。支持联合国在国际事务中发挥核心作用，推动世界货币基金组织和世界银行份额与投票权改革，切实反映国际格局的变化。充分发挥二十国集团作为世界主要经济体平等对话、沟通协调的多功能平台作用，推动从危机应对向长效治理机制转型，加强贸易投资机制建设。推动亚太经合组织合作取得新进展，使亚太大家庭精神和命运共同体意识深入人心，做开放型世界经济的引领者和

中国—匈牙利宝思德经贸合作区   （作者提供）

推动者。推动金砖国家合作机制行稳致远，在国际平台中发挥更大作用。全力打造世界一流的中国国际进口博览会，为我国新时代对外开放和世界经济增长创造新需求、注入新动力。

[延伸阅读]

"一带一路"国际合作高峰论坛

为进一步加强各国发展战略对接，探讨深化务实合作，中国于 2017 年 5 月在北京举办了首届"一带一路"国际合作高峰论坛。29 位国家元首和政府首脑、3 位主要国际组织负责人出席，来自 140 多个国家、80 多个国际组织共 1600 多名代表与会。

论坛由开幕式、领导人圆桌峰会、高级别会议组成。与会各方围绕"加强国际合作，共建'一带一路'，实现共赢发展"的主题，就加强政策和发展战略对接、深化伙伴关系、推进互联互通、促进人文交流等议题深入交换了意见。圆桌峰会发表联合公报，凝聚了各方关于"一带一路"合作目标、原则、举措、愿景展望等方面的共识，并规划了未来合作方向。中方还公布了包括 279 项具体合作成果清单，总结了与会各国政府、地方、企业、智库等达成的合作共识和采取的合作举措。

一年多来，中方有关各方积极落实上述成果，取得重要进展。截至目前，在高峰论坛发布的 279 项成果清单中，265 项已经完成或转化为常态化工作，14 项仍在推进之中。

习近平主席在首届"一带一路"国际合作高峰论坛上宣布，中国将于 2019 年举办第 2 届"一带一路"国际合作高峰论坛。目前，第 2 届"一带一路"国际合作高峰论坛各项筹备工作正在稳步推进。为充分体现"一带一路"建设的共商共建共享原则，展现开放包容透明的合作理念，我们欢迎各参与方积极为第 2 届"一带一路"国际合作高峰论坛筹备工作建言献策，共同回顾总结共建"一带一路"取得的成果和经验，进一步凝聚合作共识，明确未来合作重点领域，推进互联互通，打造更紧密伙伴关系，促进绿色和可持续发展，高标准、高质量、高水平共建"一带一路"。

中马友谊大桥

中马友谊大桥项目是习近平主席 2014 年访马期间，与马尔代夫总统亚明共同商定，由中方援建的跨海特大桥，是"21 世纪海上丝绸之路"的重大标志性项目，也是共建"一带一路"倡议率先实施并已取得重大成果的大型基础设施项目。中马友谊大桥是连接马尔代夫首都马累岛至机场岛的跨海大桥，全长约 2 公里，对马经济社会发展有重大作用。

2018 年 7 月 9 日，中马友谊大桥合龙贯通。同年

2018年8月30日，中国援建马尔代夫的中马友谊大桥正式开通

（新华社发　王明亮/摄）

8月30日，中国援建马尔代夫中马友谊大桥开通仪式隆重举行，中马友谊大桥如期建成通车。马尔代夫总统亚明、中国政府代表、中国国家国际发展合作署署长及中马各界代表数千人出席开通仪式。亚明总统在致辞中表示，感谢习近平主席和中国政府向马方提供帮助，实现了马尔代夫人民拥有跨海大桥的百年夙愿，大桥的开通是中马友好的里程碑。马尔代夫人民将铭记习近平主席和中国人民的友好情谊。

"光明行"白内障复明手术

中国医疗队累计为亚洲、非洲广大发展中国家实施近万例"光明行"白内障复明手术，让因贫困无力医治的白内障患者重见光明，同时对当地眼科医护人员进行手把手培训，为当地自主实施白内障复明手术奠定了坚实基础。

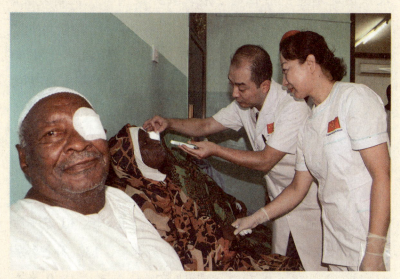

"光明行"医生在为非洲白内障患者进行检查

（新华社记者　李紫恒／摄）

中国国际进口博览会

2017 年 5 月，习近平主席在"一带一路"国际合作高峰论坛上宣布，中国将从 2018 年起举办中国国际进口博览会（简称"进博会"）。2018 年 11 月 5 日至 10 日，首届进博会在上海成功举办。习近平主席出席开幕式发表主旨演讲，并举行一系列重要活动。

举办进博会，是以习近平同志为核心的党中央着眼推动新一轮高水平对外开放作出的重大决策，是我国主动向世界开放市场的重大举措。习近平主席高度重视，亲自谋划、亲自宣布、亲自部署、亲自推动，多次强调这不是一般性的会展，要办成国际一流博览会。这一国际盛会和主场外交的成功举办，是习近平新时代中国特色社会主义思想的重要实践，是改革开放40年伟大成就的重要组成部分，充分彰显了我国推动构建人类命运共同体的胸怀与担当。

在以习近平同志为核心的党中央坚强领导下，进博会筹委会各成员单位精心筹办，各方大力支持，首届进博会取得圆满成功。共有172个国家、地区和国际组织参加，3617家境外企业参展，展览面积达30万平方米，80多万人进馆洽谈采购、参观体验，130多个参展国家实现成交，成交总额超过578亿美元。4500名全球政商学研各界嘉宾齐聚虹桥国际经贸论坛。首届进博会创造了多项国际博览会纪录，成效超出预期，在战略意义、主题内涵、综合效应等多个方面实现了"不一般"。

扩大了我国国际合作空间。进博会得到了世界各国热烈响应，与会部级以上外方嘉宾超过400位，是2018年国别最广、规模最大的主场外交活动。习近平主席与6位国家元首、5位政府首脑举行了会谈会见，既有俄罗斯、越南等老朋友，也有多米尼加、萨尔瓦多等新伙伴。58个共建"一带一路"国家参展，占比超过四成，为共建"一带一路"提供了又一重要支撑。这场主场外交活动扩大了我国的"朋友圈"，开创了经

2018 年，中国国际进口博览会场馆——国家会展中心 　（作者提供）

济外交新模式，为我国 2018 年四大主场外交画下了圆满句号，为中国特色大国外交增添了精彩一页。

办成了国际一流展会。进博会广受欢迎，亮点纷呈。国家展充分展示了各国独特文化和特色产业，世界贸易组织等国际组织也设立独立展台；中国馆以新发展理念为主线，开放大气，充分展示了我国改革开放巨大成就和新机遇。企业展众商云集，展位面积两次扩大，仍一位难求。220 家世界 500 强和行业龙头企业参展，汇聚了世界一流企业。首次在中国亮相的展品多达 5000 余件，全球或中国大陆首发新产品、新技术或服务 570 多件，各类"高精尖特新"一流展品集聚。无论从规模还是水平看，进博会首届就跻身全球前十位，是国际博览业史的一大创举。

打造了世界级高水平论坛。虹桥国际经贸论坛层次高、国际性强，与会外方嘉宾超过一半。主论坛 1500 人与会，习近平主席发表主旨演讲，多位外国元首和政府首脑，世界贸易组织、国际货币基金组织、世界银行等国际组织负责人致辞。平行论坛和国际媒体论坛3000人与会，20多位外国政要发表演讲，30多位知名企业家、智库专家和国际组织负责人参与讨论互动。各方嘉宾围绕全球经贸发展前沿问题开展交流，凝聚更多共识，呼吁反对保护主义、单边主义，打造了发出中国声音和中国主张的国际知名论坛。

开创了开放合作办展新模式。进博会秉持共商共建共享全球治理观，坚持开放合作办展，不是中国的独唱，而是各国的大合唱。坚持共同办展，联合世界贸易组织、联合国贸易和发展会议、联合国工业发展组织等国际组织共同举办，二十国集团成员国、金砖国家、上合组织成员国全部参展。展会、论坛、外交、人文融合，相互促进、相得益彰。进博会是世界各国展示国家形象、开展国际贸易的国际公共平台，企业展参展商全部来自境外，既可充分利用我国市场空间和发展机遇，也为各国企业相互交易创造了条件。

推动了我国经济高质量发展。进博会产生了广泛的积极效应，为深化供给侧结构性改革，推动我国经济质量变革、效率变革、动力变革注入了持久动力。有利于引进先进生产要素，通过进口中间品、关键技术、生产性服务等，激发企业自主创新动力，实施创新驱动发展战略，加快国内产业升级换代，提高全要素生产率。有利于改善国内供给，新西兰奶粉、日本电饭煲、埃塞俄比亚咖啡、巴布亚新几内亚金枪鱼等各国特色优质产品来到中国，让我国消费者不出国门就能体验和享受"全球好货"，更好满足了人民美好生活需要，培育了中高端消费新增长点。

❧ 本章小结 ❧

中国坚持对外开放的基本国策，坚持打开国门搞建设，积极促进"一带一路"国际合作，努力实现政策沟通、设施联通、贸易畅通、资金融通、民心相通，打造国际合作新平台，增添共同发展新动力。中国加大对发展中国家特别是最不发达国家援助力度，促进缩小南北发展差距。中国支持多边贸易体制，促进自由贸易区建设，推动建设开放型世界经济。

【重要术语解释】

1.**亚洲基础设施投资银行**（Asian Infrastructure Investment Bank，AIIB，简称"亚投行"）：是一个政府间性质的亚洲区域多边开发机构。重点支持基础设施建设，成立宗旨是为了促进亚洲区域的互联互通和经济一体化进程，并加强中国及其他亚洲国家和地区的合作，是首个由中国倡议设立的多边金融机构，总部设在北京，法定资本1000亿美元。截至2018年12月19日，亚投行有93个正式成员。亚投行正式宣告成立，是国际经济治理体系改革进程中具有里程碑意义的重大事件，标志着亚投行作为一个多边开发银行的法人地位正式确立。

2.**中欧班列**：是指按照固定车次、线路等条件开行，往来于中国与欧洲及"一带一路"沿线各国的集装箱国际铁路联运班列。中欧班列目前有3条通道，西部通道由我国中西部经阿拉山口（霍尔果斯）出境，中部通道由我国华北地区经二连浩特出境，东部通道由我国东南部沿海地区经满洲里（绥芬河）出境。中欧班列是推进"一带一路"建设的旗舰项目，也是促进中欧经贸往来的新引擎。截至2018年11月底，中欧班列累计开行数量已突破1.2万列，运行线路65条，通达欧洲15个国家的48个城市。开行质量明显改善，回程数量大幅增长，已实现"去三回二"，重箱率保持在84%以上。

3.**国家国际发展合作署**：为充分发挥对外援助作为大国外交的重要手段作用，加强对外援助的战略谋划和统筹协调，推动援外工作统一管理，改革优化援外方式，更好服务国家外交总体布局和共建"一带一路"等，国务院机构改革方案提出，将商务部对外援助工作有关职责、外交部对外援助协调等职责整合，组建中华人民共和国国家国际发展合作署，作为国务院直属机构。2018年3月，十三届全国人大一次会议表决通过了关于国务院机构改革方案的决定，组建中华人民共和国国家国际发展合作署。主要职责为拟订对外援助战略方针、规划、政策，统筹协调援外重大问题并提出建议，推进援外方式改革，编制对外援助方案和计划，确定对外援助项目并监督评估实施情况等。援外的具体执行工作仍由相关部门按分工承担。

4.**关税及贸易总协定**（General Agreement on Tariffs and Trade，GATT，简称"关贸总协定"）：是一个政府间缔结的有关关税和贸易规则的多边国际协定。它的宗旨是通过削减关税和其他贸易壁垒，削除国际贸易中的差别待遇，促进国际贸易自由化，以充分利用世界资源，扩大商品的生产与流通。它是世界贸易组织的前身。

关贸总协定于 1947 年 10 月 30 日在日内瓦签订，并于 1948 年 1 月 1 日开始临时适用。应当注意的是，由于未能达到关贸总协定规定的生效条件，作为多边国际协定的关贸总协定从未正式生效，而是一直通过《临时适用议定书》的形式产生临时适用的效力。

5. **金砖国家新开发银行**（New Development Bank，NDB）：创始成员为巴西、俄罗斯、印度、中国和南非，2015 年 7 月 21 日开业，总部设在中国上海。初始认缴资本为 500 亿美元，初始法定资本为 1000 亿美元。初始认缴资本在创始成员间平均分配，各成员的投票权等于其在银行股本中的认缴股份。主要宗旨和职能是为金砖国家及其他新兴经济体和发展中国家的基础设施建设和可持续发展项目动员资源，作为现有多边和区域金融机构的补充，促进全球增长与发展。

【思考题】

1. 新时代如何做好"一带一路"建设工作？

2. 如何理解开放型世界经济的内涵？

3. 新形势下我国可从哪些方面推动建设开放型世界经济？

4. 如何认识中国举办国际进口博览会的重大意义？

第八章
积极参与全球治理体系改革和建设

第一节　维护以《联合国宪章》宗旨和原则为核心的国际秩序

联合国在当代全球治理体系中处于核心地位，《联合国宪章》是现代国际秩序的基石。中国坚定支持联合国发挥作用，维护联合国权威和地位，为丰富、发展、完善国际秩序作出了积极贡献。中国已成为多边主义的最重要支柱和促进世界和平与发展不可或缺、值得信赖的重要力量。

一、《联合国宪章》是现代国际秩序的基石

《联合国宪章》是联合国的基本法，它既确立了联合国的宗旨、原则和组织机构设置，又规定了成员国的责任、权利和义务，以及

处理国际关系、维护世界和平与安全的基本原则和方法。其宗旨与原则已构成指导现代国际关系的基本准则。《联合国宪章》成为维护国际体系稳定、规范国家间行为的重要基石。

联合国在维护世界和平与安全、防止和制止战争、促进世界经济繁荣，特别是发展中国家的经济发展问题上扮演关键角色。联合国提供了缓和国际冲突、处理国际争端、解决地区和全球热点问题的权威性架构和机制。联合国在气候变化、可持续发展、人权、裁军与防扩散、恐怖主义、人道主义和卫生突发事件、性别平等等一系列全球性问题上发挥着难以替代的作用。联合国还是大国间调整相互关系以及发展中国家结交朋友、维护权益、交换意见、共同推动建立和平、稳定、公正、合理的国际新秩序的最重要场所。

二、中国坚定维护联合国的权威

维护联合国的权威与作用，是维护第二次世界大战胜利成果的必然选择。以《联合国宪章》的宗旨和原则为核心的国际秩序和国际体系来自第二次世界大战的胜利，中国人民为此作出了巨大贡献，也付出了巨大代价。这一国际体系为避免世界大战再起、促进发展与社会进步发挥了重要作用。中国珍惜这一来之不易的成果，坚决支持联合国履行职责，维护和平与稳定，造福世界人民。

重视并支持联合国是践行中国独立自主和平外交政策的必然要求。中国是联合国创始成员国，也是第一个在《联合国宪章》上签字的国家，坚定支持《联合国宪章》的宗旨和原则。1974 年，邓小平同志率团出席联合国大会第 6 届特别会议时发言指出，国家之间的政治和经济关系都应当建立在互相尊重主权和领土完整、互不侵犯、互不干涉内政、平等互利、和平共处五项原则的基础上；各国的事务应当由各国人民自己来管；发展中国家人民有权自行选择和决定他们自己的社会、经济制度；国家不论大小，不论贫富，应该一律平等，国际经济事务应该由世界各国共同来管，而不应当由一两个超级大国来垄断。这一讲话精神契合《联合国宪章》的宗旨和原则，表明了中国政府和人民对联合国的支持。

继承和发扬《联合国宪章》的宗旨和原则是推动构建人类命运共同体的必要条件。2015年，习近平主席出席第70届联合国大会一般性辩论并发表讲话时强调，我们要继承和弘扬《联合国宪章》宗旨和原则，构建以合作共赢为核心的新型国际关系，打造人类命运共同体。2017年，习近平主席在联合国日内瓦总部发表题为《共同构建人类命运共同体》的主旨演讲时表示，中国将坚定维护以联合国为核心的国际体系，坚定维护以《联合国宪章》宗旨和原则为基石的国际关系基本准则，坚定维护联合国权威和地位，坚定维护联合国在国际事务中的核心作用。

支持以联合国为代表的多边主义体现了中国的责任担当。和平、发展、公平、正义、民主、自由是全人类的共同价值，也是联合国的崇高目标。联合国为维护世界和平与稳定、促进发展与社会进步发挥了不可替代的作用。近年来，我国不断深入参与联合国的活动，增加资金投入，积极提出方案和倡议，对维护联合国在国际事务中的权威与作用给予有力的支持。

三、中国支持联合国通过改革增强应对新挑战的能力

联合国作为最具普遍性、代表性和权威性的政府间国际组织，

是集体应对各种威胁和挑战的有效平台，是实践多边主义的最佳场所。当前国际形势正在发生复杂深刻的变化，全球性威胁和挑战层出不穷，全球治理亟待加强，联合国也需要进行改革，以进一步自我完善，更好履行《联合国宪章》赋予的职责，在思想理念、机构设置和运行模式等方面适应全球治理的需要，继续成为世界和平的建设者、全球发展的贡献者、国际秩序的维护者。

中国主张联合国改革应有利于推动多边主义，提高联合国应对全球威胁和挑战的能力，加强联合国在全球治理体系中的作用；维护并遵循《联合国宪章》宗旨和原则以及国际关系基本准则。中国的主张有利于体现共商共建共享原则，由会员国主导；有利于扩大发展中国家在国际事务中的发言权；有利于提高联合国机构的管理效率。

中国坚持做国际秩序的维护者，维护以《联合国宪章》的宗旨和原则为核心的国际秩序和国际体系，坚持发展中国家定位，积极推动国际秩序向更加公正合理的方向发展。习近平主席在第 70 届联合国大会一般性辩论的讲话中强调，中国将继续同广大发展中国家站在一起，坚定支持增加发展中国家特别是非洲国家在国际治理体系中的代表性和发言权。中国在联合国的一票永远属于发展中国家。

第二节　推动全球治理体系朝着更加公正合理方向发展

进入 21 世纪后，各类全球性挑战叠加蔓延，新兴市场国家和发展中国家群体性崛起，现有全球治理体系无法有效应对挑战，也难以反映国际政治经济力量对比的变化。世界上的事情越来越需要各国共同商量着办，建立国际机制、遵守国际规则、追求国际正义成为多数国家的共识。中国坚持知行合一，致力于将全球治理的中国方案付诸行动，积极参与全球治理体系改革和建设，主动发挥负责任的大国作用，努力为全球治理贡献中国智慧和力量。

一、创新和丰富全球治理理念

党的十八大以来，以习近平同志为核心的党中央坚持运用辩证唯物主义和历史唯物主义的方法论，从历史和现实、理论和实践、国内和国际等多重角度深入思考，深入挖掘中华优秀传统文化中积极的处世之道和治理理念同当今时代的共鸣点，将习近平新时代中国特色社会主义思想与全球治理体系改革相结合，提出了一系列具有鲜明中国特色的全球治理的理念和方案，在国际上引起广泛反响。

党的十九大报告明确提出中国秉持共商共建共享的全球治理观，标志着中国对如何推进全球治理体系改革和建设这一问题的答案越来越清晰。

共商共建共享的全球治理观就是要坚持主权平等、公平正义。国家不分大小、强弱、贫富，都是国际社会的平等成员，都应该平等参与决策、享受权利、履行义务。要不断推进国际关系民主化，尊重各国人民自主选择发展道路的权利，维护国际公平正义。

共商共建共享的全球治理观就是要坚持共商共建、合作共赢。要通过充分协商形成全球治理体系变革方案的共识，共同书写国际规则，让全球治理体系更加平衡地反映大多数国家特别是广大发展中国家的意愿和利益。

共商共建共享的全球治理观就是要坚持与时俱进、改革创新。要从实际出发，坚持问题导向，通过改革创新不断完善现有全球治理体系，把能做的事情、已经形成广泛共识的事情先做起来，确保全球治理更加公正、高效、适应时代要求。

共商共建共享的全球治理观就是要坚持推动构建人类命运共同体。这一构想顺应了历史潮流，回应了全球治理体系变革的内在要求，凝聚了各国共识，为完善全球治理、构建更加公正合理的国际秩序指明了方向，为人类社会实现共同发展、持续繁荣、长治久安绘制了蓝图，开辟了广阔前景。这是中国向世界提供的全球治理中国方案。

中国的全球治理观根植于中华优秀传统文化，继承发展了新中国成立以来的外交思想和理念，反映了人类共同价值追求和当代国际关系现实，符合《联合国宪章》所确定的国际关系基本准则，极大地丰富和发展了国际关系理论，为全球治理体系改革和建设贡献了中国智慧、提供了中国方案，增强了中国在全球治理事务中的话语权和影响力。

二、中国提供越来越多国际公共产品

党的十八大以来，中国成功主办亚信上海峰会、亚太经合组织领导人非正式会议、首届"一带一路"国际合作高峰论坛、金砖国家领导人厦门会晤等，特别是二十国集团领导人杭州峰会取得一系列具有开创性、引领性、机制性的成果，在二十国集团发展史上留下了深刻的中国印记。2013 年习近平主席创造性提出共建"一带一路"倡议，开辟了国际合作新模式，为全球治理提供了新理念、新平台、新动力，现已得到 140 多个国家和国际组织积极支持和参与，成为当今世界规模最大的国际合作平台、最受欢迎的全球公共产品。中国发起创办亚投行，设立丝路基金，促进亚洲互联互通和经济可持续发展，进一步完善亚洲金融合作机制。中国还主动增加国际发展援助，宣布建立 200 亿元人民币的中国气候变化南南合作基金、设立南南合作援助基金等，中国负责任的大国作用日益突出。

三、中国积极编织全球治理体系中的发展中国家合作网

中国牢牢把握国家发展的阶段性特征，坚持发展中国家定位，在全球治理体系改革问题上为发展中国家主持公道，更好地维护发展中国家的共同利益。中国发起一系列以发展中国家为主体的国际组织及合作机制，实现了多边机制在发展中国家的网络化全覆盖，努力补齐全球治理体系中的南方短板，推动金砖国家、上海合作组织等机制在区域和全球治理中发挥更大作用。中国秉持开放、包容、合作、共赢的金砖精神，推动建立新开发银行及应急储备安排，拓展"金砖+"合作模式，巩固经济、政治安全、人文交流三轮驱动合作架构，建立金砖国家新工业革命伙伴关系等，引领构建全方位、多层次的金砖合作架构，将其打造为新兴市场国家和发展中国家参与全球治理的重要平台。

第三节 建设性参与解决国际和地区热点问题

中国积极探索中国特色热点问题解决之道，始终高举和平、发展、合作、共赢的旗帜，恪守维护世界和平、促进共同发展的宗旨，坚定不移在和平共处五项原则基础上发展同各国的友好合作，推动建设相互尊重、公平正义、合作共赢的新型国际关系。中国在重大国际和地区热点问题上，一直发挥着建设性作用。

在朝鲜半岛核问题上，中方一贯坚持实现半岛无核化，坚持维护半岛和平稳定，坚持通过对话协商解决问题。基于上述立场，中方在半岛问题上一直致力于维稳防乱、劝和促谈。近年来，在习近平外交思想的指导下，我们提出朝鲜暂停核导试验和美韩暂停大规模联合军演的"双暂停"倡议，以及实现半岛无核化和建立半岛和平机制"双轨并进"思路，积极推动实现半岛无核化和持久和平。目前"双暂停"已经实现，半岛形势正朝着"双轨并进"的方向迈进。事实证明，中方方案合情合理、现实可行，为缓和半岛局势、推动重启对话发挥了重要作用，也得到了国际社会普遍认可。

在伊朗核问题上，中国始终致力于推动对话谈判，主张寻求有利于维护国际核不扩散体系和中东和平稳定的解决方案，坚决维护多边主义和国际规则。作为伊朗核问题全面协议的重要一方，中方为全面协议的达成和执行做了大量工作，包括牵头推动伊朗阿拉克重水堆改造项目取得显著进展。面对美国退出全面协议引发的复杂严峻形势，中方积极推动各方从大局和长远出发，共同维护和执行全面协议。2018 年 7 月，我出席美国退出全面协议后首次伊核问题外长会，旗帜鲜明地提出中方主张，强调国际规则应当遵守，全面协议应当执行，中东稳定应当维护，单边制裁应当摒弃，对话协商应当坚持。9月，我再次出席伊核问题外长会，强调当前形势下，各方要坚持原则，通过多边和双边外交努力，维护全面协议的有效性，维持与伊朗的正常经贸合作，促进地区和平与稳定；相关外交努力不仅仅是在维护一份多边协议，也是在维护联合国和安理会的权威，维护国际核不扩散体系及中东和平稳定，维护多边主义和国际规则。只要是有利于维护全面协议的事情，中方都支持，同时中方也会全力维护好中国自身的正当合法权益。

在叙利亚问题上，自叙利亚危机爆发以来，中国一直高举政治解决的旗帜，积极参与联合国或其他场合的促和斡旋工作，建设性推动叙利亚问题政治解决进程。为妥善解决叙化武危机，中国同其他国家一道，为转运叙化武船只护航，及时为叙实施化武销毁提供相关物资援助。中国还多次向叙利亚难民及相关国家提供人道主义援助，有关立场得到了国际社会特别是叙利亚政府和人民的赞赏和肯定。

在中东和平进程问题上，中国始终致力于推进中东和平进程，支持巴勒斯坦人民恢复行使合法民族权利的正义事业，支持建立以1967年边界为基础、以东耶路撒冷为首都、拥有完全主权的、独立的巴勒斯坦国。长期以来，中国一直在联合国等重要国际场合秉持公正立场，积极支持联合国特别是安理会发挥更大作用，推动国际社会支持中东和平进程，努力落实习近平主席有关解决巴勒斯坦问题的"四点主张"，通过积极的外交斡旋为尽快重启巴以谈判、维护地区和平稳定作出努力。中方的公正立场得到了广大阿拉伯国家的普遍赞赏。

中国参与解决热点问题有着鲜明的中国特色，始终坚持有所为、有所不为，坚持解决热点问题的和平性、正当性和建设性，为世界稳定发挥建设性作用。中国将继续倡导并践行"解决热点问题三原则"，即：坚持不干涉别国内政，反对强加于人；坚持客观公道，反对谋取私利；坚持政治解决，反对使用武力。这些原则经受了实践检验，取得了积极成效，得到越来越多国家的认同。

第四节 合作应对各类全球性挑战

当前，中国社会安定有序，人民安居乐业，越来越多的人认为中国是世界上最安全的国家之一。这是中国为世界安全稳定作出的贡献。近年来，全球性挑战不断凸显，如经济增长动能不足，经济治理滞后，发展失衡，非传统安全问题复杂化，部分国家和地区产生了逆全球化和民粹主义潮流。中国在办好自己事情的同时，始终认真履行自己的责任，遵守国际规则，履行国际义务，同国际社会采取协调一致行动，共同应对全球性挑战。

一、为全球经济治理提供新动能

中国坚定维护开放型世界经济体制，坚定支持多边贸易体制，旗帜鲜明反对贸易和投资保护主义，促进贸易投资自由化便利化。中国不断扩大开放，举办首届中国国际进口博览会，为世界经济保持自由开放贡献力量，与世界各国分享发展机遇、发展理念，为全球经济治理提供正能量。中国提出共建"一带一路"

习近平：加强合作推动全球治理体系变革　共同促进人类和平与发展崇高事业

倡议，举办首届"一带一路"国际合作高峰论坛，编织起以亚欧大陆为中心、辐射全球各大洲、连接世界各大洋的互利合作网络，构建起发展战略对接、各自优势互补、彼此互联互通、包容开放发展的国际合作平台，为世界经济发展提供新动能。中国积极引领全球治理机制建设。迄今为止，亚投行成员已有 93 个。中国倡导的亚投行模式及其内部治理模式等得到国际社会的广泛认可，充分说明亚投行的包容性，以及对全球性包容发展机制的贡献。中国政府举办金砖国家领导人厦门会晤，开启金砖合作第二个"金色十年"，"金砖＋"模式应运而生，新开发银行将为新兴经济体和发展中国家提供融

2017 年 9 月 18 日，2017 厦门国际投资贸易洽谈会开幕。这是 9 月 18 日拍摄的厦洽会金砖国家投资合作馆

（新华社记者　林善传／摄）

资便利。上海合作组织青岛峰会开启区域经济合作新征程，2018年中非合作论坛北京峰会谱写中非合作新篇章。

二、为全球气候治理作出新贡献

党的十八大以来，中国与澳大利亚、新西兰、韩国、法国、俄罗斯等国以及欧盟举行气候变化双边合作机制会议，与各国在碳市场、能效、低碳城市、适应气候变化等领域达成多个项目。2017年9月，中国、加拿大、欧盟举办第1次气候行动部长级会议，进一步凝聚各方共识，为气候变化多边进程注入新的政治推动力。中国积极推动气候变化南南合作，开展低碳示范区建设、赠送节能低碳物资和预警设备、开展应对气候变化南南合作培训。通过实施技术援助、提供物资和现汇等方式援助数十个发展中国家。中国积极参与联合国及其他多边平台气候治理进程，多次表态支持《巴黎协定》，并继续加强与"基础四国""立场相近发展中国家"的沟通协调，举办第24次"基础四国"气候变化部长级会议。中国连续多年成为全球新能源发电装机容量最大的国家，为低碳减排作出巨大贡献。

三、积极参与国际反恐合作

中国是国际反恐事业的重要参与者和贡献者。中国坚持联合国在反恐国际合作中的中心地位和主导作用，推动落实联合国《全球反恐战略》及安理会反恐决议。中国积极参与国际反恐合作。2017年，中国、阿富汗、巴基斯坦和塔吉克斯坦4国军队反恐合作协调机制在塔吉克斯坦首都杜尚别进行了第2次会议，共同应对恐怖势力外溢渗透以及恐怖分子跨国流窜等突出威胁。2017 年，菲律宾马拉维地区发生恐怖袭击，中国向菲政府捐助枪械，帮助菲政府军打击极端暴恐分子。

四、促进核安全全球治理

习近平主席于 2014 年、2016 年出席两届核安全峰会，提出理性、协调、并进的中国核安全观，主张构建公平、合作、共赢的国际核安全体系，并就推进国际核安全合作提出五大倡议。中国核安全观相关理念已反映在《2016 年核安全峰会公报》中并转化为国际共识。中国全力落实习近平主席提出的理念主张及合作倡议，将核安全纳入国家总体安全体系。同时，中国深度参与核安全国际合作，在国际原子能机构、打击核恐怖主义全球倡议、核安全问题联络小组等国际机制中积极发挥作用，通过中国国家核安全示范中心等平台，对外提供核安全公共产品。中美元首于 2016 年发表核安全合作联合声明。中美建立核安全年度对话机制，相关政策交流与务实合作不断深化。

五、建设性参与国际防扩散进程

中国坚持反对一切形式的大规模杀伤性武器及其运载工具的扩散，一贯以高度负责的态度处理防扩散问题，积极参与国际防扩散努力。中国支持联合国在防扩散领域发挥重要作用，坚决执行安理会有关决议，履行防扩散义务，并以建设性态度参与安理会 1540 委员会等联合国框架下的防扩散工作。中国坚决维护国际防扩散体系有效性和权威性，积极参加"核供应国集团"相关工作。中国重视开展防扩散交流与合作，与美国、欧盟、德国、韩国等保持对话与交流。中美两国在防扩散执法等领域加强机制化务实合作，共同打击扩散行为。

此外，中国大力支持中东、非洲的经济、社会发展，为解决难民问题作出贡献。中国积极参与网络、极地、深海、外空、生物安全等新兴领域规则制定，发起并主办世界互联网大会，推动建立多边、民主、透明的全球互联网治理体系，先后同 70 多个国家和地区深度开展打击网络犯罪合作，提出责任共担、社会共治的国际禁毒合作方案，联合各国开展国际追逃追赃、打击电信诈骗等执法行动，全面参与联合国、国际刑警组织、上海合作组织、中国—东盟等国际和区域合作框架内的执法安全合作，创建了湄公河流域执法安全合作机制，建立了新亚欧大陆桥安全走廊国际执法合作论坛。坚定支持和积极参与联合国维和行动，是联合国安理会 5 个常任理事国中派出维和人员最多的国家。积极开展国际反腐败合作，推动构建国际反腐败合作新秩序。

[延伸阅读]

二十国集团领导人杭州峰会与全球治理

2016 年 9 月，二十国集团领导人第 11 次峰会在杭州举行。各国领导人围绕"构建创新、活力、联动、包容的世界经济"的主题，就加强宏观政策协调、创新增长方式，更高效的全球经济金融治理，强劲的国际贸易和投资，包容和联动式发展，及影响世界经济的其他突出问题等议题展开了讨论。

习近平主席在开幕式致辞中表示，科技进步、人口增长、经济全球化等过去数十年推动世界经济增长的主要引擎都先后进入换挡期，对世界经济的拉动作用明显减弱。上一轮科技进步带来的增长动能逐渐衰减，新一轮科技和产业革命尚未形成势头。主要经济体先后进入老龄化社会，人口增长率下降，给各国经济社会带来压力。经济全球化出现波折，保护主义、内顾倾向抬头，多边贸易体制受到冲击。金融监管改革虽有明显进展，但高杠杆、高泡沫等风险仍在积聚。如何让金融市场在保持稳定的同时有效服务实体经济，仍然是各国需要解决的重要课题。面对这些挑战，二十国集团应加强宏观经济政策协调，合力促进全球经济增长、维护金融稳定；创新发展方式，挖掘增长动能；完善全球经济治理，夯实机制保障；建设开放型世界经济，继续推动贸易和投资自由化便利化；落实《2030年可持续发展议程》，促进包容性发展。

此次峰会为二十国集团和全球经济治理成功设置了创新结构性改革、新工业革命、数字经济、落实2030议程等一系列引领世界前进方向，反映包括中国在内的广大发展中国家利益诉求的新议题，制定《二十国集团创新增长蓝图》《二十国集团深化结构性改革议程》等28份成果文件，巩固二十国集团作为国际经济合作主要论坛地位，推进二十国集团的治理模式向共享、联动型方向发展，推动经济发展对更多人群有利、经济增长有更多包容性。

二十国集团领导人杭州峰会是完善全球经济治理顶层设计的重要里程碑。这为中国加速实现从全球治理的规则接受者向规则制定者的转变提供了坚实的基础和强大的动力。中国积极参与制定国际规则，推动中国理念上升为国际共识；强化了国际社会对中国发展战略的认识和理解，创造了更多合作共赢的发展机遇；推高了包括中国在内的广大发展中国家在全球经济治理中的地位，发展中国家在二十国集团中的地位得到显著提升；较大提高了中国在二十国集团、世界贸易组织、世界货币基金组织、世界银行等国际组织中的话语权。

～ 本章小结 ～

随着世界多极化、经济全球化、社会信息化、文化多样化深入发展，推动全球治理体系改革是大势所趋。中国秉持共商共建共享的全球治理观，为推动全球治理体系更加公正合理贡献中国智慧和力量。党的十八大以来，中国不断创新和丰富全球治理理念，提供越来越多公共产品，编织全球治理体系中的发展中国家合作网，积极应对全球性挑战，既为中国发展营造更好的外部环境，也为维护世界和平、促进共同发展、创造人类美好未来作出更大贡献。

在参与处理地区热点问题时，中国坚持和平性、正当性和建设性。中国坚持促进相关方以和平协商方式解决问题，坚持以《联合国宪章》的宗旨和原则公正对待具体问题，坚持和平共处五项原则。

在应对各类全球性挑战时，中国倡导世界各国要以和平与发展为根本目标，以构建人类命运共同体为宗旨，携手共同应对。此外，中国不仅积极参与全球治理国际合作，同时也努力提升自身的话语权，积极参与相关规则制定，推动相关治理体系符合世界各国共同利益。

【重要术语解释】

解决巴勒斯坦问题的"四点主张"：第一，坚定推进以"两国方案"为基础的政治解决进程；第二，坚持共同、综合、合作、可持续的安全观；第三，进一步协调国际社会的努力，壮大促和合力；第四，综合施策，以发展促进和平。

【思考题】

1. 中国为什么要维护以《联合国宪章》宗旨和原则为核心的国际秩序？

2. 为推进全球治理体系朝着更加公正合理方向发展，中国提出了哪些理念？

3. 中国在解决地区热点问题上发挥了怎样的作用？

第九章
扎实推进各领域外交

第一节　推进党、人大、政协、军队、地方、 人民团体等的对外交往

党的十八大以来，在以习近平同志为核心的党中央坚强领导下，在习近平外交思想的指导下，党和国家各领域对外交往取得突破性进展。习近平总书记在党的十九大报告中强调要"加强同各国政党和政治组织的交流合作，推进人大、政协、军队、地方、人民团体等的对外交往"，在中央外事工作会议上强调，对外工作是一个系统工程，政党、政府、人大、政协、军队、地方、民间等要强化统筹协调，各有侧重，相互配合，形成党总揽全局、协调各方的对外工作大协同局面，确保党中央对外方针政策和战略部署落到实处。习近平总书记的重要讲话，为新时代背景下政党、人大、政协、军队、地方、民间等对外交往提供了基本遵循和行动指南。

一、推动构建新型政党关系

习近平总书记在中国共产党与世界政党高层对话会上强调，"不同国家的政党应该增进互信、加强沟通、密切协作，探索在新型国际关系的基础上建立求同存异、相互尊重、互学互鉴的新型政党关系，搭建多种形式、多种层次的国际政党交流合作网络，汇聚构建人类命运共同体的强大力量"。

习近平：携手建设更加美好的世界

党的对外工作以习近平外交思想为指导，深入学习习近平总书记系列重要讲话精神，突出政治引领，突出政党特色，坚持政府政党相促进、中央地方配合做、官方民间齐动手、精英草根两头抓、热灶冷灶一起烧，有力维护了党的执政地位，推动了总体外交发展，为中国特色社会主义伟大事业营造了良好外部环境。

一是坚持以政治引领为首要统揽全局。党的对外工作始终坚持以政治引领为纲，通过交往、交流、交心，切实发挥方向引领、理念引领和认知引领作用，使各国政党和政治组织更加理解、尊重、认同和支持我们党的价值理念、道路理论、方针政策和制度特色。同时，党的对外工作以政党交往为渠道，增进各方相互了解和互信水平，促进国家间合作，推动朝鲜半岛核问题等地区热点问题朝着和平解决的方向发展，引领各国政党共同参与全球治理体系改革，倡导各方积极构建人类命运共同体。

二是坚持以政党交往为中心优化布局。党的对外工作通过高层往来、论坛对话、政党培训等渠道，同大国大党的机制化交往局面逐渐形成，同社会主义国家执政党交往全面深化，同周边国家政党关系更加巩固，同发展中国家政党交往有新的发展。目前，我们党同 160 多个国家和地区的 400 多个政党和政治组织保持着经常性联系，形成了全方位、多渠道、宽领域、深层次的政党外交格局。

三是坚持以特色调研为抓手服务大局。党的对外工作调研重点关注全局性、规律性、导向性问题，研究国际格局深刻变动及走向，研究当代社会主义和资本主义发展趋势与相互关系，研究世界政党政治发展规律及各国治国理政经验，努力为党中央决策提供智力支持，并推动国际社会共同走维护世界和平、促进共同发展之路。

四是坚持以人脉建设为关键争取更多同行者。党的对外工作充分利用交往广的独特渠道优势，全方位开展交友工作，着力打造党政并蓄、朝野相济、官民兼容的人脉网络。不断加强同各国执政党、参政党、在野党、政治组织、智库、媒体和民间各界人士的深入沟通交往，不断积累和扩大我们党在世界上的朋友圈，为我国同有关国家关系发展持续注入正能量。

五是坚持以形象塑造为重点提升国际认知度。党的对外工作通过打造中国共产党与世界政党高层对话会等机制，深入解读习近平新时代中国特色社会主义思想，系统宣介中国梦、"两个一百年"奋斗目标、"五位一体"总体布局和"四个全面"战略布局等国内发展战略，以及我国坚持和平发展、加强全球治理、推动构建新型国际关系、推动共建"一带一路"、打造人类命运共同体等重大方针政策和倡议主张。同时，通过举办"中国共产党的故事——地方党委的实践"系列专题宣介会，有针对性地传播中国方案、讲好中国故事，增进外界对华了解和认知，并切实服务地方经济社会发展。

展望未来，党的对外工作将按照中央统一部署和要求，深入研究国际社会对中国共产党的关注和期待，努力推动构建新型政党关系，不断开创党的对外工作新局面，为实现中华民族伟大复兴的中国梦、建设更加美好的世界作出更大贡献。

二、拓展全国人大对外交流合作

党的十八大以来，在以习近平同志为核心的党中央坚强领导下，全国人大及其常委会深入学习贯彻习近平新时代中国特色社会主义思想，坚持党对外事工作的集中统一领导和统筹协调，全面深化与外国议会和国际及地区议会组织交流合作，着力加强政治互信、推动务实合作、加深人民间了解和友谊，积极助推共建"一带一路"倡议等，坚定维护国家主权、安全和发展利益，努力为实现中华民族伟大复兴的中国梦、推动构建人类命运共同体营造更加有利的外部环境。

全国人大对外交往是国家总体外交的重要组成部分，具有广泛人民性和代表性，交往对象广泛、领域广阔、形式多样、方式灵活。作为我国开展议会外交的主渠道，全国人大已与世界上183个国家的议会保持着不同形式的交往与联系，与21个主要国家议会和欧洲议会建有定期交流机制，成立了124个双边友好小组，形成多层次、多渠道、多形式、全方位的对外交往格局。党的十八大以来，全国人大常委会委员长对27个国家进行了正式友好访问，副委员长访问了56个国家和地区，出席20个国际会议，并14次作为国家主席特使出席有关国家总统就职仪式；邀请了85位外国议长、22位副议长及5位多边议会组织领导人访华或来华出席相关活动；与外国议会和多边议会组织签署了23份合作谅解备忘录或合作协议；开展了68场机制化交流活动；举办了8期外国议员研讨班和议会官员培训班。通过高层互访，开展专门委员会、工作委员会、友好小组、议员、议员助手、办事机构以及与外国地方立法机构之间的各层次交流，全国人大积极拓展与外国议会的合作领域，深化合作内容，不断夯实国家关系长远发展的政治、社会、民意基础，积极为推进国家间务实合作提供法律基础和政策保障。

迄今，全国人大已加入各国议会联盟、亚太议会论坛、亚欧议会伙伴会议等 15 个国际和地区议会组织，成为东盟各国议会间大会、拉美议会等 5 个地区议会组织的观察员。近年来，积极参与欧亚国家议长会议、六国议长会议、金砖国家议会论坛等新兴多边会议。全国人大在议会多边舞台上，努力发挥建设性作用，全面展示中国发展成就，讲好中国故事、中国人大故事，广泛深入宣传中国全球治理观，促进国际社会对我了解，为推动构建新型国际关系作出积极贡献。

三、推进人民政协对外交往不断发展

党的十八大以来，在以习近平同志为核心的党中央坚强领导下，全国政协坚持以习近平新时代中国特色社会主义外交思想为指导，按照中央统一部署，立足自身特色优势，积极开展多层次、多渠道对外交往，为营造有利我国发展的良好外部环境、推动构建人类命运共同体作出积极贡献。6 年多来，共组织出访团组 162 个，接待来访团组 87 个，举办国际会议 4 场。截至 2018 年 10 月底，全国政协及所属机构与 144 个国家的 310 个机构、15 个国际性或地区性组织开展了友好交往。

发挥高层交往引领作用，服务全方位外交布局。十二届全国政协主席先后访问亚洲、非洲、欧洲的 15 个国家，十三届全国政协主席对刚果（布）、乌干达、肯尼亚进行正式友好访问；全国政协副主席作为国家主席特使出席相关活动 11 人次，率全国政协代表团出访 36 人次，出席国事活动 220 余人次；接待议长、副议长级来访团组 40 余个。全国政协领导人与往访、来访的国家领导人和各界人士广泛交流，以深入浅出、亲切坦诚、入情入理、令人信服的方式，积极阐释我国内外政策和发展理念，讲述中外互利合作的典型事例和人民交往的友好佳话，围绕国际热点问题和双边关系中的重要问题深入做工作，取得了增进共识、加深互信、深化友谊、推动合作的良好效果。来自各民主党派的全国政协副主席 16 次率团出访，结合亲身经历开展对外宣传，充分展示了中国共产党领导的多党合作和政治协商制度的生机活力。

聚焦"一带一路"建设，推动对外合作务实有效。全国政协领导人在国内外与相关国家领导人会面时，注重推动对方加快自身发展战略与共建"一带一路"倡议的对接，就有关重大项目亲自做对方领导人工作，努力促进互利共赢、共同发展。各国领导人予以积极回应，认为共建"一带一路"倡议是推进经济全球化的难得机遇和得力举措，表示将发挥自身优势深化对华务实合作。全国政协领导下的中国经济社会理事会联合广西壮族自治区政协主办的中国—东盟产能合作高层论坛，为"一带一路"建设、中国和东盟国家提升产能合作水平献计出力。

深入进行调查研究，服务国内改革发展。全国政协各层级代表团重视内外结合开展调研，积极借鉴国外有益经验，就推进"一带一路"建设、战略性新兴产业发展、国际产能合作、健全公共文化服务体系、社会治理与社会保障、司法体制改革、生态文明建设等深入调查研究，形成一系列调研报告，为党和政府决策提供了重要参考。定期召开国际形势分析会，围绕对外开放重大问题开展专题调研，为营造良好外部环境建言献策。

积极开展公共外交和人文交流，助推国家软实力提升。全国政协在对外交往中着力宣传习近平新时代中国特色社会主义思想，深入阐释中国特色社会主义民主政治和人民政协的特点和优势。注重发挥华侨华人的桥梁纽带作用和所属社团的独特平台作用。中国经济社会理事会与欧盟经济社会委员会圆桌会议交流机制被列入《中欧合作 2020 战略规划》和《中国对欧盟政策文件》，与非洲经济社会理事会联盟共同举办首次中非圆桌会议。中国宗教界和平委员会在积极参与地区和国际宗教和平组织活动中，坚决维护国家核心利益，促进我国在有关领域国际话语权和影响力的提升。成功举办 3 届"中韩委员（议员）围棋友谊赛"和首届"中韩日三国委员（议员）围棋友谊赛"，组团赴欧开展京剧、昆曲、书画等方面文化交流，邀请外国驻华使节、议会机构代表、智库学者、青年师生等走进政协参观座谈，通过讲好政协故事，让中国道路、中国制度、中国理念得到越来越多人的认识和理解。

四、深化对外军事关系

军事外交战线坚决贯彻习近平新时代中国特色社会主义思想，按照军委决策部署，拓展深化对外军事关系，大力加强务实交流合作，保持了蓬勃发展、稳中有进、积极进取的良好局面。

（一）围绕中国梦强军梦，军事外交转型升级实现新发展

习近平总书记高度重视军事外交工作，强调要全面贯彻党的外交大政方针，进一步开创军事外交新局面，不断为实现中国梦强军

梦作出新的更大贡献。组建军委国际军事合作办公室，强化了军委对军队外事工作的集中统一领导。深刻把握新形势下军事外交特点规律，从服务保障向主动作为转变，从一般性交往向深度合作转变，从侧重双边向多双边并举转变。强化与外军沟通与交流机制。交流合作内容向联合作战、反恐、反导、海上安全、维和合作等新领域拓展，近年来年均组织和参加 30 余场演训。会同有关部门健全完善国防部新闻发布工作机制，周密组织涉外信息发布，有效引导国内外舆论。

（二）践行新安全理念，新型军事关系建设取得新突破

中俄两军战略协作保持高位运行，各层级交流机制持续健康推进，中俄联合演习日趋成熟完善，在国际多边场合实现良好互动和配合。

中美两军关系取得新进步，签署"建立重大军事行动相互通报信任措施机制"和"海空相遇安全行为准则"谅解备忘录，就"军事危机通报"和"空中相遇"附件达成共识。我国有力应对美售台武器、舰机抵近侦察、在韩部署"萨德"系统等，在合作与斗争中保持了中美军事关系稳定发展。中国与欧盟在安全政策对话、反海盗联合演练、人员培训等领域开展了良好交流合作。

与周边国家军事关系不断深化。军委领导访问周边大多数国家，相关国家防务部门和军队领导人来访近百批。军技合作、军事援助、人员培训、联演联训等领域取得显著成效。围绕涉我主权权益问题积极斗争，倡议建立中国—东盟防长热线，与越南、韩国分别建立国防部和相邻战区直通电话，推进与日本的海空联络机制磋商，定期或不定期与陆地接壤国家军队开展边境会谈会晤、联合巡

逻等，实现了维权维稳平衡。与发展中国家军事关系进一步巩固。全方位拓展与非洲、拉美国家军事关系，援建军事院校、派出军医组、提供后勤物资援助，通过真情交流、真心帮助、真诚合作，赋予了传统友谊新内涵。

（三）积极参与全球安全治理，多边对话合作呈现新亮点

做大做强上海合作组织防务安全合作，构建了多层级防务政策对话协调机制。加强成员国军队联合训练，"和平使命"反恐联合军演系列化，提高了联合行动能力，有效震慑了"三股势力"。推动香山论坛转轨升级。2014 年，香山论坛由二轨论坛升级为一轨半的高端安全和防务论坛。2016 年论坛期间，举行中俄两军反导问题联合吹风会，提高了议题设置和舆论引导能力。与阿富汗、巴基斯坦、塔吉克斯坦四国创建反恐合作协调机制，2016 年 8 月成功举办首届"四国机制"军队高级领导人会议并发表联合声明。积极参加东盟防长扩大会、中国—东盟防长非正式会晤、东盟地区论坛、雅加达国际防务对话会、西太平洋海军论坛等多边对话与合作机制，推动建立地区安全和合作新架构。连续多年派军队高级代表团参加香格里拉对话会，主动开展政策宣介、外交沟通和媒体公关。

（四）有效履行国际义务，为维护世界和平发展作出新贡献

参与维和力度逐步加大，2013 年首次派出安全部队，2015 年首次派出成建制步兵营，截至 2017 年 5 月，共约 2400 名官兵在 8 个任务区遂行任务，人数在安理会常任理事国中居首位。迄今已派出 31 批护航编队共 100 艘次参加亚丁湾、索马里海域护航行动，安全护送近 6600 多艘中外船舶，外国船舶达到一半，救助遇险船

只 50 余艘。向古巴、巴基斯坦、菲律宾等国提供价值近 2 亿元人民币的应急救援物资。中国军舰首次直接靠泊也门交战区域港口，安全撤离 600 余名我国公民及 200 余名外国公民。积极参与西非埃博拉疫情防控、马航失联航班搜寻、马尔代夫首都"水荒"救援、尼泊尔地震救援等行动。

五、推动地方对外交往全面开展

2018 年 5 月，习近平总书记在中央外事工作委员会第一次会议上强调，地方外事工作是党和国家对外工作的重要组成部分，对推动对外交往合作、促进地方改革发展具有重要意义。要在中央外事工作委员会集中统一领导下，统筹做好地方外事工作，从全局高度集中调度、合理配置各地资源，有目标、有步骤推进相关工作。

近年来，我国地方对外交往形式日益多样，活动日益丰富，效果日益显现，在配合国家总体外交、促进地方经济社会发展、参与国际事务中发挥了重要作用。

一是积极融入"一带一路"建设。各省、自治区、直辖市积极制定对接方案，通过搭建专题对话平台、服务当地企业"走出去"、开通国际货运班列、推动建设国际产业合作园区等方式，主动融入"一带一路"合作进程，不断提高发展的开放性和国际化水平。

二是承办大型国际活动。党的十八大以来，北京市承办亚太经合组织第 22 次领导人非正式会议、首届"一带一路"国际合作高峰论坛、中非合作论坛峰会，杭州市承办二十国集团领导人第 11 次峰会，厦门市承办金砖国家领导人第 9 次会晤，青岛市承办上海合作组织成员国元首理事会第 18 次会议等，不但展现了各地独特魅力，而且有效提升了地方政府的对外交往能力。

三是城市对外交往。截至 2018 年 7 月 19 日，我国有 31 个省、自治区、直辖市（不包括台湾及香港特别行政区、澳门特别行政区）和 484 个城市与五大洲 136 个国家的 531 个省（州、县、大区、道等）和 1635 个城市建立了 2546 对友好城市（省州）关系。此外，还有不少地方政府参与跨国性地方政府间组织或论坛等。

四是边境省份积极参与同邻国地方的合作。比如黑龙江、吉林、辽宁、内蒙古、新疆、西藏、广西、云南等地积极开展经贸、人文等领域友好交流与务实合作，加强发展战略对接，扩大人员往来，增进相互了解。

五是中央地方协同配合日益加强。中联部举办"中国共产党的故事——地方党委的实践"系列专题宣介会，外交部开展省区市全球推介活动，取得良好效果。下一步工作可借鉴这一成功做法，加强地方对外交往的协同性和实效性，更好做到资源共享、优势互补、协同推进。

六、推动人民团体和社会组织积极开展对外交往

人民团体和社会组织对外交往是我们党领导下的民间外交的重要组成部分。长期以来，中华全国总工会、中国共产主义青年团、中华全国妇女联合会、中国文学艺术界联合会、中国作家协会、中国科学技术协会、中华全国归国华侨联合会、中国法学会、中国人民对外友好协会等人民团体和群众团体积极开展对外交往，以中国民间组织国际交流促进会、中国扶贫基金会、中国和平发展基金会为代表的近 500 家社会组织"走出去"能力不断增强，特色更加突

出。人民团体与社会组织相互配合，成为夯实国际关系民意基础的重要渠道、维护国家利益的重要抓手、塑造国家形象的重要窗口、推进对外合作的重要纽带、培育友好合作网络的重要依托，为国家总体外交作出了独特贡献。

近年来，随着中国特色大国外交理论与实践创新不断推进，民间外交规模不断扩大、内涵不断丰富、渠道不断拓宽，取得了重要成就，积累了宝贵经验，为人民团体和社会组织开展对外交往创造了更大的机遇和更好的条件。党中央批准成立中国社会组织国际交流协调管理办公室，专门负责对国内社会组织参与国际非政府组织活动的协调管理工作，为统筹民间外交科学发展注入了新动力。

新形势下，人民团体和社会组织开展对外交往将高举人类命运共同体旗帜，切实弘扬中华优秀传统文化，大力加强中外民间往来，在"一带一路"框架下积极推动政策沟通、增进民心相通、促进务实合作，加强"一带一路"智库合作联盟、丝绸之路沿线民间组织合作网络论坛等国际交流合作网络建设，注重以心暖人、以情动人，推动形成具有鲜明中国特色的民间外交格局，将我国人民利益与各国人民利益更加紧密地结合到一起，不断夯实"一带一路"建设的社会民意基础，营造更加友好、更加有利的外部环境。

第二节　讲好中国故事

近年来，随着我国经济社会发展和国际地位提高，国际社会对中国的关注度越来越高。国际社会对中国发生的奇迹由衷赞叹，对中国成功的秘诀兴趣浓厚，对中国发展道路和发展模式的理性认识逐步加深。同时，随着中国日益走近世界舞台中央，"中国威胁论""中国崩溃论"等论调不绝于耳，歪曲唱衰中国的声音不时泛起，国际社会对中国还存有不少误解。在这样复杂的形势下，要集中讲好中国故事、传播好中国声音，积极宣介阐释习近平新时代中国特色社会主义思想，向世界展现一个真实、立体、全面的中国，提高国家文化软实力和中华文化影响力。讲好中国故事已经成为对外传播理念的重大创新，中国故事和中国声音日益成为世界了解、认知中国的重要载体和权威信源。

一、树立文化自信

树立强烈的文化自信，是讲好中国故事的基础和前提。习近平总书记强调，我们有本事做好中国的事情，还没有本事讲好中国的故事？我们应该有这个信心！我们国家发展成就那么大、发展势头那么好，我们国家在世界上做了那么多好事，这是我们做好国际舆论引导工作的最大本钱。中华文化蕴含的思想观念、人文精神、道德规范，不仅是中国人思想和精神的内核，对解决人类问题也有重要价值。这些都是中国人民的文化自信之源。要坚守中华文化立场、传承中华文化基因、展现中华审美风范，从中华民族的辉煌历史和国家发展的伟大成就中汲取精神力量，增强文化自信，增强讲好中国故事的底色和底气。

二、提高讲故事的能力

习近平总书记强调，讲故事是国际传播的最佳方式。讲故事就是讲事实、讲形象、讲情感、讲道理，讲事实才能说服人，讲形象才能打动人，讲情感才能感染人，讲道理才能影响人。要主动讲好中国共产党治国理政的故事，讲好中国人民奋斗圆梦的故事，讲好中国坚持和平发展合作共赢的故事，让世界更好了解中国。党的十八大以来，习近平主席在国际场合发表重要讲话和主旨演讲，在国外主流媒体发表署名文章，都是以朴实清新、通俗易懂、娓娓道来的语言风格讲述中国故事，既有政策宣示，又有说理澄清，有效回应了外界关切，引起国际社会强烈反响，充分彰显了道路自信、理论自信、制度自信、文化自信，为讲好中国故事作出了表率。2015 年，习近平主席在美国华盛顿州当地政府和美国友好团体联合欢迎宴会上发表演讲时，讲述了自己插队当农民的小村庄——陕西省延安市梁家河村发生翻天覆地变化的故事，就是借助"小故事"阐发"大道理"最形象、最生动的事例。

三、展现当代中国价值观念

习近平总书记指出，当代中国价值观念，就是中国特色社会主义价值观念，代表了中国先进文化的前进方向。经过长期努力，我国成功走出了一条中国特色社会主义道路，取得举世瞩目的辉煌成就。实践证明我们的道路、理论、体系、制度是成功的。世界上越来越多的人开始对当代中国价值观念感兴趣，越来越多的人开始客观看待当代中国价值观念。向国际社会展现当代中国价值观念，既要充分体现中华优秀传统文化"讲仁爱、重民本、守诚信、崇正义、尚和合、求大同"的时代价值，又要与"和平、发展、公平、正义、民主、自由"等当今世界广泛认同的价值观念相契合，体现中国特色、注重国际表达。要把展现当代中国价值观念寓于讲好中国故事之中，着力提炼好、阐释好当代中国价值观念的精髓要义，通过鲜活感人的故事载体，借助广泛的国际交流平台，把当代中国价值观念贯穿于国际交流和传播的方方面面，增进各国人民对中国人民精神世界的了解。

四、推进国际传播能力建设

传播力决定影响力。当今时代，经济全球化和信息化飞速发展，世界主要国家普遍把加强对外传播作为提升国家软实力的重要手段。媒体国际传播能力不仅代表国家媒体的发展水平，也直接关乎国家利益和发展战略。推进国际传播能力建设，要加强议题设置能力，结合重大外事活动和重要时间节点，主动设置和嵌入体现中国立场主张、能够触动他人"神经"的具体议题，把我们的思想、倡议传播开，提升中国理念、中国方案的国际影响力和感召力。要集中优势资源，精心打造与我国国际地位相匹配的一流媒体，推出一批亮点项目、精品项目，形成立体综合的传播体系，把我们的发展优势和综合实力转化为对外传播优势，帮助世界各国以更加客观、历史、多维的眼光观察中国。要适应社会信息化持续推进的新情况，加快传统媒体和新兴媒体融合发展，充分运用新技术新应用创新媒体传播方式，形成对外传播的聚合优势和叠加效应。

五、加强对外话语体系建设

中国故事能否讲好，中国声音能否传开，关键要看我们的话语

2018 年 7 月，在习近平主席访问卢旺达前夕，在卢旺达举办"美丽中国、美丽卢旺达"图片展
（作者提供）

外国人是否愿意听、听得懂，能否入脑入心、引发共鸣。构建一套既突出中国视角又体现国际表达的话语体系，有利于塑造和展示中国良好国家形象，有利于中国与世界各国文明交流互鉴。要准确把握以习近平同志为核心的党中央治国理政的成功实践，聚焦新时代中国发展进步的鲜明主题，总结形成准确阐释中国道路、中国立场、中国现状的对外表达方式，用中国理论阐释中国实践，用中国实践升华中国理论。要围绕国际社会重大议题、涉华重大关切，找准境外舆论对我质疑或误读的关节点，及时提出中国观点、表明中国立场。要做到融通中外，既体现中国特色、中国风格、中国气派，又充分体现中国对人类共同命运和全球事务的认识、思考和担当，多反映中国与外部世界的利益交汇点、话语共同点、情感共鸣点，多

贴近外国受众的思维习惯和语言习惯。要学习借鉴国外有益的文明成果，做到学贯中西、兼收并蓄，不断丰富我们的概念范畴表述，使我们的对外话语体系真正成为世界观察中国、解码中国的"一把钥匙"。

新时代明确了新的努力方向，提出了更高的工作要求。一是加强新闻发布工作。及时介绍党和政府重大政策举措和建设发展进展成就，开展多种形式、全方位、广维度的新闻报道，让中国故事成为国际舆论关注的话题，让中国声音赢得国际社会理解和认同。二是在交流互访中增强讲故事意识。积极与各国开展各层级、各领域交流互访，利用各个场合讲好中国故事，传播中国声音，增进国际社会对华了解与认知。三是发挥中外媒体交流合作作用。推进中外媒体合作传播，与世界各国各地区媒体广泛开展联合采制、定制推送、新闻互换等合作，借嘴说话、借筒传声、借台唱戏，把中国新闻信息传向世界。四是扩大媒体"朋友圈"。研究国外不同媒体的报道习惯和表达特点，提升与他们打交道的水平和能力，为报道我国重大主题活动和重要时间节点的境外媒体和记者做好服务，结交更多的外媒朋友，确保我们的立场和观点能够及时、准确、客观地传达给受众。五是用好新媒体力量。推动传统媒体和新兴媒体融合发展，支持国内新媒体走向国际，鼓励运用微视频、"动新闻"、网络直播等新的传播形态，扩大主流传播内容在海外社交媒体的国际影响力，增强网络舆论场上的中国声音。六是充分利用智库对外交流合作优势。鼓励我国专家学者积极与境外各界知名人士展开对话，支持中外智库围绕涉华议题话题开展交流研讨、合作研究、共同发布等活动，助力各国有识之士以专业、理性的声音向世界解读、介绍中国。七是提升中华文化国际影响力。加强中华文化"走出去"统筹，实施精品、精准战略，提炼展示中华优秀传统文化精神标识、文化精髓，打造推介当代文化创新成果，扩大提升对外文化贸易规模质量，加快中华文化"走出去"步伐，增进文化认知，促进民心相通。八是发挥"走出去"企业在塑造国家形象方面的作用。引导"走出去"企业增强"窗口"意识，加强与当地媒体、智库、民间组织的交流合作，力所能及为当地民众办好事、做公益，结合工程建设和合作成果，讲好中国企业故事和中国企业贡献，让中国企业形象、中国国家形象在当地树立起来、闪亮起来。

第三节　大力发展人文交流

一、教育国际交流合作成绩非凡

2018 年是中国改革开放 40 周年。1978 年，首批赴美留学人员顺利启程，中国教育对外开放翻开了新篇章。40 年来，中国教育同世界的联系越来越紧密，同国际的交流越来越频繁，取得了不平凡的成绩。这种成绩不仅是数量、形式和内容上的变化，更是在更高层次、更大格局、更深融入、更强影响方面的突出变化，也是战略性、突破性、长期性和趋势性的变化。党的十八大以来，中国教育对外开放以"一带一路"建设为龙头，积极服务人类命运共同体建设，不断探索、不断拓展，形成了大规模、高速推进的新局面。在办学能力、人员流动、科研合作和队伍建设等方面取得了一系列扎扎实实的成就。

（一）在深入学习贯彻习近平新时代中国特色社会主义思想的过程中，形成了教育对外开放的顶层设计

改革开放以来，教育对外开放经历了从"摸着石头过河"到更加注重系统性、整体性和协同性的过程。党的十八大以来特别是党的十八届三中全会以来，教育部先后起草了《关于做好新时期教育对外开放工作的若干意见》《关于加强和改进中外人文交流工作的若干意见》《关于推进孔子学院改革发展的指导意见》，经中央全面深化改革领导小组审议后以中办、国办名义印发。这3份文件成为支撑新时代教育对外开放的"四梁八柱"。随着文件中规定的重点改革举措不断"落地"，我国教育对外开放的总体水平必将实现新的历史性跃升。

（二）在服务外交工作大局的过程中，形成了以"一带一路"为龙头的教育对外开放新布局

改革开放以来，我国教育对外开放的重心在欧美国家，无论是学生学者"走出去"，还是教育资源"引进来"都主要面向发达经济体。2013年，习近平总书记提出共建"一带一路"倡议。"一带一路"建设要求对教育对外开放进行战略性布局调整，教育部出台了《推进共建"一带一路"教育行动》。对外，主动加强与沿线国家教育主管部门的政策沟通，商签政府间教育合作协议与学历学位互认协议，加强与联合国教科文组织在"一带一路"框架下的多边合作。对内，用好"丝绸之路"中国政府奖学金，积极推进"一带一路"教育行动省部共建工作。

（三）在服务教育改革发展的过程中，形成了我国教育国际化大规模、高速推进的新局面

我国成为全球最大的留学生输出国。2017年，出国留学人数首次突破60万大关。我国成为亚洲最大的留学目的地国。2017年，来华留学人员规模达到48.9万人，"留学中国"的品牌知名度、影响力持续上升。我国成为全球一流大学的重要办学合作方，过去5年批准的本科以上中外合作办学机构中，61%的外方合作院校为世界大学排名前200名的高校，中外合作办学水平稳步提升。

（四）在落实党中央国务院交办的中外人文交流工作任务的过程中，形成了文明互鉴和民心相通的新亮点

在以习近平同志为核心的党中央坚强领导下，中外人文交流事业蓬勃开展，初步建立了元首外交引领、高访带动、高级别机制示范、双边多边结合、国内外统筹、中央地方联动、官方民间并举的工作格局。目前，我国已与188个国家和地区建立了教育交流合作关系；与51个国家和地区签署了高等教育学历学位互认协议，其中共建"一带一路"国家24个。先后建立了中俄、中美、中英、中欧、中法、中印尼、中南非、中德八大中外高级别人文交流机制，人文交流已与政治互信、经贸合作一道成为我国对外关系发展的三大支柱，涵盖了所有联合国安理会常任理事国，覆盖的国家和地区约占全球经济总量的1/2、地域面积的1/4、人口数量的1/6。教育对外开放在推动文明交流互鉴、促进中外民心相通方面的重要作用进一步凸显。

（五）积极参与全球教育和人文治理的过程中，形成了具有中国特色蕴含中国智慧的新理念新主张新方案

全球教育治理方面，我国同 46 个与教育相关的重要国际组织建立了经常性交流合作关系，在《亚太经合组织教育战略》《全球高等教育学历互认公约》等国际文件制定过程中发挥建设性作用。全球人文治理方面，利用联合国教科文组织这个平台，积极宣介习近平总书记关于人类命运共同体、文明交流互鉴的重要思想，以及习近平总书记关于教育、科学、文化发展的重要理念，这些新思想新理念为推动全球人文治理变革提供了强大思想引领。

二、对外科技交流合作蓬勃开展

我国国际科技交流与合作在探索与实践中不断发展，从最初的技术考察、人员交流发展到项目合作、联合研究、技术示范、能力建设、共建联合研究中心等多种形式，逐渐形成全方位、多层次、宽领域的国际科技创新合作格局。

我国与 158 个国家和地区建立了科技合作关系，签订了 113 个政府间科技合作协定，加入了 200 多个政府间国际科技合作组织。我国与美国、欧盟、俄罗斯、德国、法国、加拿大、比利时、澳大利亚、以色列以及巴西开启了十大创新对话机制，与非洲、东盟、南亚、阿拉伯国家、拉共体成员国、上合组织成员国、中东欧国家等广大发展中国家建立了七大科技伙伴计划。我们还与各类国际组织广泛开展合作，充分利用多边舞台主动参与全球创新治理，参与了国际热核聚变实验堆、全球综合地球观测系统、大型强子对撞

机、平方公里阵列射电望远镜等国际大科学计划和大科学工程，并主动谋划牵头组织国际大科学计划，为解决人类共同面对的问题提出中国方案、贡献中国力量。

我们建设了 700 多家国际合作基地，通过引进技术、合作研究、共建研发中心等多种形式的科技合作，加速重大、关键装备引进进程，支持神舟飞天、嫦娥探月、航母下水、蛟龙潜海等重大战略性工程。2006 年以来，科技部共举办发展中国家技术培训班 557 个，累计培训学员 9907 人次，覆盖 82 个发展中国家和地区，以成熟适用技术为主，涉及农业、信息与制造、新能源、医疗卫生、资源环境和科技政策与管理等领域，为学员所在国家经济社会发展作出了积极贡献，赢得良好国际声誉。

随着我国科技能力和创新实力的提升，我们更加积极主动地参与国际科技创新治理。2017 年 5 月，习近平主席在"一带一路"国际合作高峰论坛开幕式上宣布，启动"一带一路"科技创新行动计划，开展科技人文交流、共建联合实验室、科技园区合作、技术转移 4 项行动。2018 年 3 月，国务院正式印发《积极牵头组织国际大科学计划和大科学工程方案》，围绕全球性重大科学问题，力争发起和组织新的国际大科学计划和大科学工程。我们将积极主动地参与国际科技创新治理，提升我国科技国际影响力。

三、对外文化和旅游交流合作成果丰硕

政府间文化和旅游合作不断深化。我国已与 159 个国家签署了文化合作协定，累计签署文化交流执行计划 700 余个。中国公民组团出境旅游目的地达 155 个。我们充分发挥中俄、中美、中英、中

欧、中法、中印尼、中南非和中德八大高级别人文交流机制，举办中澳、中美、中俄等旅游机制性会议，初步形成了覆盖世界主要国家和地区的政府间文化和旅游交流与合作网络。

海外文化和旅游平台建设稳步推进。截至 2018 年底，我国已经在海外设立 37 个中国文化中心，常态化开展高水平、专业化、符合驻在国受众欣赏习惯的各类文化活动。设立了 20 个驻外旅游机构，积极参与筹备中国旅游年等系列活动，组团参加海外重点旅游展，举办大型联合推广活动，不断丰富"美丽中国"整体旅游形象。

对外文化和旅游交流品牌影响进一步扩大。"欢乐春节"是最具代表性的对外文化交流品牌活动之一，活动规模、质量、影响力稳步提升。2018 年"欢乐春节"在全球 130 个国家和地区的 400 多座城市举办了近 2000 场活动。"拉美艺术季"、中东欧"16+1"文化季、"聚焦中国"、"相约北京"联欢活动、中俄文化大集、"中非文化聚焦"、亚洲艺术节、中国上海国际艺术节、"跨越太平洋——中国艺术节"、中国新疆国际民族舞蹈节、中国吴桥国际杂技艺术节、"熊猫走世界"等活动精彩纷呈，发挥了对外传播中华文化、对内助力文化和旅游建设的双重作用。

"一带一路"文化交流合作取得新进展。先后成立了丝绸之路国际剧院、博物馆、艺术节、图书馆和美术馆联盟，建立了"一带一路"城际文化交流机制，举办了"丝绸之路国际艺术节""海上丝绸之路国际艺术节""丝绸之路（敦煌）国际文化博览会""丝绸之路文化之旅"等品牌活动。围绕共建"一带一路"倡议持续深化双多边旅游合作，举办"一带一路"旅游部长会议，发布《"一带一路"旅游合作成都倡议》，与共建"一带一路"国家开展文化遗产领域合作。

文化产业国际合作基础得到巩固。党的十八大以来，文化贸易逐渐成为对外文化工作的新增长点。据统计，2017年我国文化产品和服务进出口总额1265.1亿美元，同比增长11.1%。其中，文化产品进出口总额971.2亿美元，同比增长10.2%；文化服务进出口总额293.9亿美元，同比增长14.4%。我国与南非、越南等国分别签署文化产业合作备忘录，由我国主导制定的手机（移动终端）动漫标准成为国际标准。

四、卫生领域国际交流合作不断深化

积极参与全球卫生事务。2016年11月，由我国国家卫生和计划生育委员会与世界卫生组织联合主办的第9届全球健康促进大会在上海召开。2017年7月，我国在天津举办金砖国家卫生部长会暨传统医药高级别会议。2016年8月，习近平总书记在推进"一带一路"建设工作座谈会上指出，要携手打造"健康丝绸之路"。我们以"健康丝绸之路"理念为指导，不断创新卫生对外交流合作新途径新模式。2017年8月，我国在北京举办"一带一路"暨"健康丝绸之路"高级别研讨会。在"一带一路"卫生合作框架下，签署了《中华人民共和国政府与世界卫生组织关于"一带一路"卫生领域合作的谅解备忘录》及执行计划，举办了"16+1"卫生部长论坛、中阿卫生合作论坛、中国—东盟卫生合作论坛。中国在全球卫生治理中的作用日益凸显，在健康相关国际组织中影响力逐步提升，在全球卫生治理中开始发挥引领作用。

主动参与全球卫生应急行动。2014年8月，西非爆发埃博拉出血热疫情，按照中央部署，我国牵头先后向疫区及周边国家派遣 1200 多名医疗和公共卫生专家赴西非工作，开展了新中国成立以来由我国主导的最大的一次全球卫生行动。中国还组派医疗专家和公共卫生专家赴菲律宾、尼泊尔和安哥拉等国参与了疫情防控和灾后医疗救援等工作。2016 年，中国国际应急医疗队（上海）成为第一批通过世界卫生组织认证评估的国际应急医疗队。

不断加强卫生援外工作。中国自 1963 年向阿尔及利亚派出第一支援外医疗队以来，先后向 71 个国家和地区派遣援外医疗队员约 2.6 万人次，诊治患者近 2.8 亿人次。援外医疗队是中国开展时间最长、涉及国家最多、成效最为显著的卫生发展援助项目，向世界充分展现了中国政府信守承诺、积极促进人类健康、坚持走和平发展道路的坚定信念和力量，为中非友谊和我国外交工作作出了突出贡献。2013 年 8 月，习近平总书记在人民大会堂会见受到表彰的全国援外医疗工作先进集体和先进个人代表时指出，大家以实际行动铸就了"不畏艰苦、甘于奉献、救死扶伤、大爱无疆"的中国医疗队精神，展示了中国人民热爱和平、珍视生命的良好形象。

推动卫生领域机制化交流合作。近年来我国积极开展中非合作论坛、亚太经合组织、二十国集团和金砖合作机制等重要区域性多边合作机制下的卫生领域交流合作。2015 年，中法新发传染病防治合作实验室在武汉建成，成为中国第一个生物安全四级实验室。2016 年，世界银行在前期与我国开展医改联合研究基础上，在安徽、福建两个省开展医改促进项目。

第四节　加强新兴领域国际合作

在全球化不断推进、科技水平不断发展的背景下，世界各国正面临海洋、极地、外空、网络、生物安全等新兴领域的挑战。因此，在新兴领域开展全球治理、加强国际合作、共同应对挑战成为对世界各国的必然要求。

在海洋治理方面，主要议题包括：海洋资源开发与利用、海洋环境保护与气候变化、非传统海洋安全问题（海上自然灾害、海盗、海上恐怖主义、非法捕鱼、走私、贩毒、偷渡等）。习近平总书记在党的十九大报告中明确指出，要坚持陆海统筹，加快建设海洋强国。中国深度参与全球海洋治理，践行人类命运共同体理念，构建多层次的蓝色伙伴关系，在海洋环境保护、海洋科技创新与应用、海洋公共产品共享、海洋安全维护等领域开展深层次国际合作。2017 年，国家发展改革委与国家海洋局联合发布《"一带一路"建设海上合作设想》，使我国与共建"一带一路"国家的合作进一步深化，在全球海洋治理体系中的话语权和影响力日益凸显。中国将进一步关心海洋、认识海洋、经略海洋，提高海洋资源开发能力，保护海洋生态环境，扎实推进海洋强国建设。

在极地治理方面，当前极地科学研究与人类共同关注的重大问题之间的关系越来越紧密。极地问题涉及政治、经济、安全、科技、气候、环境、资源、海洋等多领域。全球海洋酸化、北极快速变化、极地冰盖演化与全球海平面变化、南极地球演化与生命起源、极地近地空间与宇宙探索等，已成为全球关注的重大科技问题，也与全人类共同命运紧密相关。中国要认识极地、保护极地、利用极地，为人类和平利用极地作出新贡献，积极参与极地战略新疆域的国际治理；要更加积极主动参与极地治理，为极地治理提供中国方案、贡献中国智慧。

在外空治理方面，外空应用与空间技术快速发展，极大促进了各国经济发展、社会进步和民生改善；同时，鉴于外空的战略地位，各国在外空的竞争加剧，外空面临武器化和军备竞赛风险。纪念联合国探索与和平利用外层空间会议50周年高级别会议的成果文件，采纳了中国"在和平利用外空领域加强国际合作，以实现命运共同体愿景，为全人类谋福利与利益"的提议，为新时期加强外空全球治理与国际合作、应对和平利用外空各类挑战指明了方向。中国推动成立联合国"防止外空军备竞赛"政府专家组，讨论外空安全治理国际规则。中国将继续积极参与上述进程，为维护外空和平与可持续发展作出贡献。

当前，网络空间与现实空间深度融合，网络问题向政治、经济、社会、文化等领域传导渗透，成为影响各国主权、安全和发展及国际关系调整的重要变量。各国积极开展网络外交，网络空间国际规则制定成为各方关注焦点，涉及国际法适用、网络空间主权、使用武力、国家责任、人权与自由、打击网络犯罪和网络恐怖主义、供应链安全、数据流动和管理、市场准入、互联网基础资源管理和分配等诸多议题。2015年，习近平主席出席第2届世界互联网大会，倡导共同构建网络空间命运共同体。

2017年，外交部和国家互联网信息办公室共同发布《网络空间国际合作战略》，倡导将和平、主权、共治、普惠作为网络空间国际交流与合作的基本原则，主张共同构建和平、安全、开放、合作、有序的网络空间，建立多边、民主、透明的全球互联网治理体系。

中国还与上合组织其他成员国共同向联合国大会提交新版"信息安全国际行为准则"。

近年来，网络领域多边和区域合作机制不断取得新进展。联合国信息安全政府专家组报告确认《联合国宪章》及主权原则适用于网络空间。《二十国集团数字经济发展与合作倡议》指明数字经济发展方向。金砖国家领导人厦门会晤通过了成果文件《金砖国家网络安全务实合作路线图》。中国还与美、俄、英、法等国建立了双边网络事务对话机制，深化网络领域合作。

面对这些问题和挑战，国际社会应该在相互尊重、相互信任的基础上，加强对话沟通，深化互利合作，构建合作新伙伴，同心打造人类命运共同体，为建设一个安全、稳定、繁荣的网络空间作出更大贡献。

在全球生物安全治理方面，当前国际生物安全形势日趋严峻，国际社会面临的生物武器、生物恐怖主义、重大传染病疫情、生物技术误用和谬用等生物安全威胁不断显现。中国深入参与全球治理进程，积极贡献中国智慧，在《禁止生物武器公约》框架下提出制定生物科学家行为准则范本和建立生物防扩散出口管制与国际合作机制两项倡议，得到各方普遍肯定和支持。

[延伸阅读]

政党大会推动建设更加美好的世界

2017 年 11 月 30 日至 12 月 3 日，以"构建人类命运共同体、共同建设美好世界：政党的责任"为主题的中国共产党与世界政党高层对话会在北京举行。习近平主席出席开幕式并发表了题为《携手建设更加美好的世界》的主旨讲话。来自120多个国家近300个政党和政治组织的领导人共600多名中外方代表参加。会议就推动构建人类命运共同体、共同建设美好世界以及政党的责任和作用达成广泛共识，发表了《北京倡议》。大会为世界各国政党加强对话沟通搭建了平台，为政党在建设更加美好的世界中作出更大贡献提供了启迪。

外交搭台，地方唱戏

地方对外交往是国家总体外交的重要组成部分。外交部省区市全球推介活动是外交部贯彻落实习近平新时代中国特色社会主义思想，利用外交资源服务国内发展的创新实践。2016年3月以来，先后在外交部蓝厅推介宁夏、广西、陕西、四川、贵州、云南、安徽、吉林、内蒙古、江西、海南、河南、河北雄安新区、湖北、山东、黑龙江等地，受到地方省区、各国驻华使节、中外媒体和知名企业的普遍欢迎，影响不断扩大，成效日益显著。

一、服务中心任务，助推开放发展

外交部围绕中央对各地的发展定位，着眼服务地方特别是中西部省区开放发展，突出各地特色和优势，

2018 年 4 月 13 日，"新时代的中国：与世界携手　让河南出彩"全球推介活动在外交部举行　　　　　　（作者提供）

认真做好推介活动顶层设计，找准对外宣介的重点和亮点。例如，陕西推介活动突出该省在国家西部大开发战略的前沿位置，以及作为西部科学发展新引擎、内陆改革开放新高地和"一带一路"重要节点的战略定位；安徽推介活动将高新科技作为亮点；贵州推介活动着力展现国家大数据综合试验区发展前景，给驻华使节留下了深刻印象。

每场推介活动约 3 个小时，通过省部领导的权威推介、丰富鲜活的展览展示、引人入胜的非遗演示、精彩纷呈的主题宣传片和独具地方特色的冷餐招待会等形式，让各省区无须出国即可迅速扩大"国际朋友圈"，把握合作机遇；让各国驻华使节不必离京即可了解中国国情，深化与中国各省区的合作。推介活动后，外交部还组织使团和媒体赴被推介省区实地参访。2016 年 3 月以来，已有 15 批近 500 位外国驻华使节、高级外交官和外国记者深入被推介省区，挖掘合作潜力，推动合作项目落地。

二、强化政治意识，宣介十九大精神

自 2018 年起，外交部省区市全球推介活动启用"新时代的中国"总主题，体现新时代中国特色大国外交全心全意为人民服务、服务国内发展的新要求，并在推介平台设置专版，加强对习近平新时代中国特色社会主义思想和党的十九大精神的宣传。海南推介活动用视频、图片生动表现改革开放 40 年、建省办经济特区 30 年来的巨大成就，展示了海南从落后海岛发展成为现代化经济特区，从农耕岛屿迈向全面小康社会，从无红绿灯到建成立体交通体系的翻天覆地的变化。

三、坚定"四个自信"，讲好"三个故事"

推介活动以地方故事为窗口，对外讲述中国共产党的故事、中国的故事以及中国人民的故事，进一步促进中外理解和友谊。江西推介活动敏锐捕捉、深入挖掘江西作为共和国摇篮、人民军队摇篮和革命根据地摇篮的红色历史底蕴，图文并茂地讲述中国革命历史，让世界了解中国共产党从哪里来、到哪里去。通过介绍井冈山率先实现脱贫、赣南等原中央苏区 5 年脱贫 151 万人等事例，生动呈现江西扶贫攻坚取得的可喜成绩，让外国驻华使节和外交官更多了解中国发展的故事。一个个生动鲜活的地方故事汇聚成真实、立体、全面的中国故事，向世界深刻阐述了中国共产党倡导的创新、协调、绿色、开放、共享的发展理念，生动宣介了中国创造、中国智慧和中国方案。

四、坚持创新驱动，打造推介"增强版"

为反映重大改革开放举措，2018年5月28日，外交部成功举办河北雄安新区全球推介活动，全方位介绍雄安新区与世界共建共享的开放格局，让外界通过雄安新区建设感知中国的发展和与世界携手共创美好未来的决心。

外交部大力支持地方赴海外推介，为贵州赴意大利、英国，河南赴卢森堡、德国、俄罗斯推介提供协助；积极探索与新媒体开展合作，在海南推介活动中首次运用微信小程序在线传播推介活动图文及视频，在河南推介活动中运用增强现实技术（AR）等新科技，增强推介实效。利用大数据技术，对安徽、江西、海南、河南、河北雄安新区、湖北6场推介活动舆情进行分析，全面准确掌握国内外媒体、海内外网民对活动的反应，为下一步做强做细做深推介活动提供科学决策依据。外交部发挥驻外使领馆作用，做好推介活动在海外的二次宣传。以湖北全球推介活动为例，在169个国家的252家我驻外机构刊发、转载报道416篇次，进一步扩大了推介活动效果。

未来，外交部将继续深入挖掘省区市全球推介活动内涵，不断丰富推介形式，进一步创新后续活动安排，突出成效，使推介活动在宣介地方改革开放新成果、服务高质量发展、助力中国特色大国外交方面发挥示范作用。

❧ 本章小结 ❧

随着时代的进步、中国的发展，外交工作的内涵和外延不断拓展，各领域对外交往与合作越来越频繁。要以习近平外交思想为根本遵循和行动指南，深入贯彻党中央对外大政方针和决策部署，结合各领域特点，有针对性地开展工作，形成各有侧重、相互配合的工作大协同局面，推动新时代对外工作不断展现新气象、实现新作为。

【重要术语解释】

公共外交：作为对传统外交的继承和发展，通常由一国政府主导，借助各种传播和交流手段，向国外公众介绍本国国情和政策理念，向国内公众介绍本国外交方针政策及相关举措，旨在获取国内外公众的理解、认同和支持，争取民心民意，树立国家和政府的良好形象，营造有利的舆论环境，维护和促进国家根本利益。

公共外交具有以下鲜明特征：一是广泛性。公共外交面向社会各个阶层，包括官方与民间的各种双多边对话交流，涵盖经济、教育、人文、传媒、科技、体育、军事等多个领域。二是互动性。公共外交不是单向灌输，而是注重通过双向交流，达成理解和共识。

政府通过公共外交对公众民意产生影响，民意也对政府决策产生反作用。三是渐进性。国内外形势的不断发展变化决定了公共外交工作的长期性和复杂性，公共外交是一项系统工程，需要循序渐进，持之以恒，细水长流，以量变促质变。四是间接性。公共外交工作中，政府更多的是发挥组织、推进作用，由媒体、民间组织、智库、学术机构、知名人士及普通民众活动为主。

【思考题】

1. 如何做好公共外交？

2. 新时代如何讲好中国故事？

3. 新时代如何做好地方外事工作？

第十章
加强党对对外工作的集中统一领导

第一节　深刻认识党对对外工作集中统一领导的重要意义

一、党对对外工作的集中统一领导是做好对外工作的根本保证

对外工作是党的事业的重要组成部分。坚持以维护党中央权威为统领，加强党对对外工作的集中统一领导，是习近平新时代中国特色社会主义思想的重要内容，也是不断开创中国特色大国外交的必然要求。新形势下推进对外工作，必须始终以习近平外交思想为根本遵循，不折不扣地执行以习近平同志为核心的党中央制定的对外方针政策，确保各项对外工作始终沿着党中央确定的政治方向前进，在具体执行过程中充分体现党中央的意志和要求，形成党总揽

全局、协调各方的对外工作大协同局面。

（一）党对对外工作的集中统一领导体现了对外工作的政治属性

对外工作以外交为主体内容，外交是内政的延伸，是党的执政理念和国家意志的集中体现，必须坚持外交大权在党中央。中国外交肩负着为实现"两个一百年"奋斗目标和中华民族伟大复兴的中国梦提供有力保障，为维护制度和政权安全、巩固党的执政地位服务的重大历史使命。只有切实加强党的集中统一领导，才能始终聚焦党和国家中心工作，全面服务国内大局，才能在错综复杂的国际形势变化中增强定力、把握主动，才能有效维护国家主权安全发展利益，不断开创新时代对外工作新局面。

（二）党对对外工作的集中统一领导是中国特色大国外交的最大政治优势

党对对外工作集中统一领导，是坚持党对一切工作的领导的重要组成部分。中国的外交事业始终在党中央集中统一领导下推进，确保了外交工作始终在党和国家全局工作中保持明确定位、正确方向；确保了党对国家外交工作的顶层设计和宏观战略规划得以久久为功、有序落实；确保了中国外交的基本理念、方针、政策的连续性、稳定性；确保了中国外交在复杂尖锐的国际斗争中能够集中力量攻坚克难，办成大事，为在国际社会维护中国负责任大国形象地位，争取国际话语权、议程设置权、规则制定权提供了根本制度保障。

（三）党对对外工作的集中统一领导实现了对外工作"一盘棋"

对外工作是复杂的系统工程，需要完善周全的顶层设计、强有力的组织领导和统筹兼顾的推进实施。党对对外工作加强集中统一领导，能够充分调动全党全国各方面力量与资源，团结一致、共同参与，协力推动国家总体对外工作不断前进。党的十九大以来，以习近平同志为核心的党中央为加强对对外工作的集中统一领导，采取了一系列重要举措，如将中央外事工作领导小组改为中央外事工作委员会，加快落实对外工作体制机制改革重大战略部署，坚持推进外交理论和实践创新，着力改进和完善对外工作布局，通盘考虑、梯次推进各项任务等，实现了对外工作在统筹协调、督促落实、整体推进等方面的显著提升，带动了外交工作不断开拓进取。

（四）党对对外工作的集中统一领导确保了新形势下对外工作取得历史性成就

党的十八大以来，我国对外工作取得一系列历史性成就，根本在于以习近平同志为核心的党中央坚强领导。在习近平总书记和党中央指引下，我国对外工作攻坚克难、砥砺奋进，经历了许多风险考验，打赢了不少大仗硬仗，办成了不少大事难事，中国特色大国外交理论和实践创新得以积极推进，全方位外交布局得以深化完善，国家主权安全发展利益得到坚定捍卫，成功走出了新时代中国特色大国外交新路。实践证明，国际形势越复杂、外交工作肩负的责任越重、面临的困难和挑战越大，就越要坚决维护习近平总书记党中央的核心、全党的核心地位，坚决维护党中央权威和集中统一领导，把党总揽全局、协调各方贯彻到对外工作的方方面面。

二、深刻把握党对对外工作集中统一领导的关键方面

加强党对对外工作的集中统一领导，必须从强化外交战线党的建设着手，确保广大党员干部牢固树立"四个意识"，坚决维护习近平总书记党中央的核心、全党的核心地位，坚决维护党中央权威和集中统一领导。必须根据党中央统一部署，全面加强新时代对外工作体系建设，令行禁止、步调一致，确保党中央对外方针政策和战略部署得到坚决贯彻落实。

（一）坚持以政治建设为统领

政治建设是党的根本性建设，决定党的建设方向和效果。外交战线各级党组织和广大党员必须把严守政治纪律和政治规矩摆在首位，在任何情况下始终站稳政治立场，坚决同以习近平同志为核心的党中央保持高度一致，在思想上高度认同、政治上坚决维护、组织上自觉服从、行动上紧紧跟随，从忠诚核心、服务核心、维护核心的政治高度开展对外工作。

（二）坚持思想建党

思想建设是党的基础性建设。深入学习贯彻习近平新时代中国特色社会主义思想特别是习近平外交思想，是外交战线加强思想建设的首要任务。要坚持用这一重要思想武装头脑，坚持原原本本学、原汁原味学，深刻把握这一重要思想的精神实质、博大体系和丰富内涵，不断坚定"四个自信"。要深刻掌握贯穿其中的马克思

主义立场观点方法，坚持理论和实践、历史和现实、当前和未来相结合，将其转化为推动对外工作的强大力量。要紧密联系实际，坚持用习近平外交思想指导实践、推进工作，着力提高驾驭复杂国际形势和处理繁重涉外事务的能力，着力提高解决重点难点问题的本领，推动对外工作不断迈上新台阶。

（三）坚定不移贯彻落实党中央对外工作路线方针政策和决策部署

要不断提高用习近平外交思想指导实践的能力，包括把方向、谋大局的能力，分析形势、破解难题的能力，服务发展、服务人民、服务"两个构建"战略目标的能力。要确保各项工作始终沿着党中央确定的政治方向前进，在具体实践中充分体现党中央的意志和要求。要准确把握国际形势基本特征和演变趋势，统筹国内国际两个大局，进一步强化落实党中央对对外工作部署的顶层设计、战略谋划和统筹协调。

第二节 加强对外交外事工作的领导与管理

党的十八大以来，我国对外工作取得历史性成就，根本在于以习近平同志为核心的党中央坚强领导，在于习近平新时代中国特色社会主义思想特别是习近平外交思想的科学指引。新时代要进一步加强对外交外事工作的集中统一领导，规范管理外事工作，把党总揽全局、协调各方的要

在习近平外交思想指引下开启中国特色大国外交新征程

求贯彻到对外工作方方面面，确保党中央对外方针政策和战略部署落到实处。

一、党对外交外事工作的集中统一领导是中国外交优良传统

党对外交外事工作的集中统一领导是历史形成的，是在中国革命、建设和改革的实践中逐步确立的优良传统，是经过实践证明的宝贵经验。回顾中国共产党历史和我国改革开放历程，党的集中统一领导始终是我国对外工作最鲜明的特征。

党的十八大以来，以习近平同志为核心的党中央进一步加强党对外交外事工作的集中统一领导，召开周边外交工作座谈会和两次中央外事工作会议，加强顶层设计、战略谋划和统筹协调，制定和完善重大外事管理规定，推进实施对外工作体制机制改革，为对外工作不断攻坚克难、胜利前行提供了强大政治保证。

2018 年 3 月，中共中央印发了《深化党和国家机构改革方案》，为加强党中央对涉及党和国家事业全局的重大外事工作的集中统一领导，强化决策和统筹协调职责，中央外事工作领导小组改为中央外事工作委员会，负责外事领域重大工作的顶层设计、总体布局、统筹协调、整体推进、督促落实。

2018 年 5 月 15 日，习近平总书记主持召开中央外事工作委员会第一次会议并发表重要讲话。习近平总书记强调，做好新形势下外事工作，中央外事工作委员会要发挥决策议事协调作用，推动外交理论和实践创新，为外事工作不断开创新局面提供有力指导。要强化顶层设计和统筹协调，提高把方向、谋大局、定政策能力，推

进对外工作体制机制改革，加强外事工作队伍建设，抓好重点工作的推进、检查、督办，确保党中央对外决策部署落到实处。

二、我国现行外事工作管理体制

改革开放以来，各领域对外交流合作深入推进。在党的坚强领导下，形成了以"统一领导、归口管理、分级负责、协调配合"为原则的行之有效的外事工作管理体制。

统一领导。"外交大权在党中央、外事工作授权有限"是我国外事管理工作的根本原则，是每一位从事对外工作的同志都必须铭记于心的"铁纪"。各地区各部门各单位必须统一认识，认真执行党中央的对外方针政策和外事工作规章制度，在授权范围内开展外事工作，重大外事事项必须按程序报批。

归口管理。分为业务归口管理、系统归口管理、地方外办综合归口管理。业务归口管理是指需要全国统筹安排和综合平衡的涉外事项，按业务内容和性质，分别由党中央、国务院有关部门实行业务归口管理。系统归口管理是指各地区各部门各单位根据各自的职责和授权，管理本地区、本部门、本系统及其负责归口管理单位的涉外事项。各地区需要统筹协调的重要外事事项，由省、自治区、直辖市外事办公室协助党委和政府综合归口管理。

分级负责。各级外事管理部门层级不同，权限和责任不同，层级越高，权限和责任越大，一级管一级，逐级对上级负责。各级外事管理部门须在中央授权范围内分级履行相应外事管理权责，全面贯彻执行中央制定的对外方针政策，自觉服从服务于对外工作的总体部署，执行中央有关决策和指示。各省、自治区、直辖市政府外事办公室接受本地区党委和政府以及外交部的双重领导。

协调配合。各单位在对外交往中要坚持地方服从中央、局部服从整体、当前利益服从长远利益，相互配合，形成合力，共同维护国家整体利益。对外工作是一个系统工程，政党、政府、人大、政协、军队、地方、民间等要强化统筹协调，各有侧重，相互配合，形成党总揽全局、协调各方的对外工作大协同局面，确保党中央对外方针政策和战略部署落到实处。

三、外事管理工作新形势新任务

作为党和国家对外工作的重要组成部分，新时代的外事管理工作要以习近平外交思想为指导，坚持党管外事和外交为民，服务党和国家中心工作、服务对外工作总体部署、服务国内开放发展，统筹兼顾，突出重点，科学管理，精准服务，提质增效，转型升级。

一是统筹各方资源服务总体外交。各地方各部门各领域对外交流合作是国家总体外交的重要组成部分，是中国特色大国外交的生动实践，必须在党的集中统一领导下，充分发挥我国的政治优势和制度优势，统筹调动各领域资源和力量，形成对外工作合力。

二是充分发挥外交外事资源优势，更好地服务改革开放和高质量发展。既要当对外工作的"排头兵"，也要做服务国内发展的"实干家"。不断创新服务开放发展的思路举措，为更多省区市举办外交部全球推介活动，加大信息服务力度，精准对接地方和企业发展需求，推动更多外交外事资源下沉地方，为地方发展注入新活力。

三是扎实推进对外工作体制机制改革。对外工作体制机制改革是推进国家治理体系和治理能力现代化的内在要求，要切实把思想认识统一到党中央要求上来，坚定信心，坚决按照党中央决策部署推进改革并完成任务。要在党中央领导下，建立涵盖各领域对外工作的统筹协调和管理体制，打破条块分割，破除部门利益，形成对外工作"一盘棋"，凝聚起协调推进对外工作的强大合力，为新时代的中国特色大国外交贡献力量。要认真贯彻《中共中央办公厅关于加强党对地方外事工作领导体制改革的实施意见》《中共中央办公厅 国务院办公厅关于改革驻外机构领导体制、管理体制和监督体制的实施意见》《中共中央办公厅 国务院办公厅关于改革对外工作队伍建设的实施意见》，把对外工作体制机制改革各项任务落实到位。要充分重视改革的整体性和协同性，科学把握工作节奏，加大对各领域各部门对外工作的统筹协调，加强对外工作机构党的建设，形成适应新时代要求的驻外机构管理体制，为对外工作不断提质增效提供有力支撑。

四是从严规范外事管理。规范管理因公临时出国，坚决遏制公款出国旅游等不正之风，在外事领域认真贯彻落实好全面从严治党要求。加强外事管理领域法规建设，把党对外事工作的集中统一领导贯彻落实到外事管理规章制度的方方面面。

五是加强对外工作干部队伍建设。政治路线确定之后，干部就是决定因素。要认真落实习近平总书记提出的"四个永葆"的总要求：永葆对党忠诚、为国奉献的赤子心；永葆开拓奋进、担当有为的事业心；永葆主动学习、自我革新的进取心；永葆党要管党、从严治党的责任心。要建设一支忠于党、忠于国家、忠于人民，政治坚定、业务精湛、作风过硬、纪律严明的对外工作队伍。要突出政治标准，强化理想信念教育，牢固树立"四个意识"，不断提升对外工作干部的政治能力。要加强素质培养，着眼新时代中国特色大国外交需要，不断强化对外工作干部的国际视野、战略思维和统筹国内国外、驾驭复杂事务的能力。

本章小结

　　外交是国家意志的集中体现，必须坚持外交大权在党中央。改革开放以来，各领域对外交流合作深入推进。在党的坚强领导下，我们形成了以"统一领导、归口管理、分级负责、协调配合"为原则的行之有效的外事工作管理体制。作为党和国家对外工作的重要组成部分，新时代的外事管理工作要以习近平外交思想为指导，坚持党管外事和外交为民，服务好党和国家中心工作、服务对外工作总体部署、服务国内开放发展，为新时代的中国特色大国外交贡献力量。认真落实习近平总书记提出的"四个永葆"的总要求，建设一支忠于党、忠于国家、忠于人民，政治坚定、业务精湛、作风过硬、纪律严明的对外工作队伍。

【思考题】

1. 党对对外工作集中统一领导的重要性和意义是什么？

2. 我国现行的外事工作管理体制是怎样的？

3. 加强外事管理工作的主要努力方向有哪些？

┃ 阅读书目 ┃

1. 习近平：《决胜全面建成小康社会　夺取新时代中国特色社会主义伟大胜利——在中国共产党第十九次全国代表大会上的报告》，人民出版社 2017 年版。

2. 习近平：《论坚持推动构建人类命运共同体》，中央文献出版社 2018 年版。

3. 习近平：《加强合作推动全球治理体系变革　共同促进人类和平与发展崇高事业》，《人民日报》2016 年 9 月 29 日。

4. 《习近平谈治国理政》第一卷，外文出版社 2018 年版。

5. 《习近平谈治国理政》第二卷，外文出版社 2017 年版。

6. 中共中央宣传部编：《习近平新时代中国特色社会主义思想三十讲》，学习出版社 2018 年版。

7. 中共中央宣传部编：《习近平总书记系列重要讲话读本（2016 年版）》，学习出版社、人民出版社 2016 年版。

8. 中共中央党史和文献研究院、推进"一带一路"建设工作领导小组办公室编：《习近平谈"一带一路"》，中央文献出版社 2018 年版。

9. 中共中央文献研究室编：《十八大以来重要文献选编》上，中央文献出版社 2014 年版。

10. 中共中央文献研究室编：《十八大以来重要文献选编》中，中央文献出版社 2016 年版。

11. 中共中央党史和文献研究院编：《十八大以来重要文献选编》下，中央文献出版社 2018 年版。

| 后 记 |

　　中国共产党是为中国人民谋幸福的政党，也是为人类进步事业而奋斗的政党。中国共产党始终把为人类作出新的更大的贡献作为自己的使命。新时代，我国对外工作要坚持以习近平新时代中国特色社会主义外交思想为指导，统筹国内国际两个大局，牢牢把握服务民族复兴、促进人类进步这条主线，推动构建新型国际关系，推动构建人类命运共同体，努力开创中国特色大国外交新局面，为全面建成小康社会、进而全面建设社会主义现代化强国创造有利条件、作出应有贡献。为帮助广大干部学习领会习近平外交思想深刻内涵，了解掌握中国特色大国外交的主要任务、指导思想、基本原则、实践经验和工作方法，中央组织部组织编写了本书。

　　本书由外交部牵头，中央宣传部、中央对外联络部、中央国安办、发展改革委、商务部、国际发展合作署、外文局等单位共同编写，全国干部培训教材编审指导委员会审定。王毅任本书主编，张业遂、郑泽光、郭卫民、郭业洲、刘海星、宁吉喆、钱克明、王晓涛、王刚毅任副主编，孙卫东、于江、戚振宏、秦亚青、陈大为、王立勇、王帅、夏晴、李莉、杨平任编委会成员。参加本书调研、写作和修改工作的主要人员有：秦宏、赵雪斓、何飞、王森浩、慕永鹏、梅凡、李娜、刘庄、周露、杨鸿玺、孙安林、郭洪亮、陈发兵、孙思、陆京、李志工、刘玉俐、李集涓、张洪铁、邝荣建、白永洁、李治、陈须隆、贾秀东、朱中博、杨晨曦、高飞、梁晓君、任远喆、李潜虞、陈实、徐龙超、林永亮、王传洋、李康弘、程杰、孙学昆、王国庆、王许儿。参加本书审读的人员有：刘建飞、贾庆国、赵可金。在编写出版过程中，中央组织部干部教育局负责组织协调工作，人民出版社、党建读物出版社等单位给予了大力支持。在此，谨对所有给予本书帮助支持的单位和同志表示衷心感谢。

由于水平有限，书中难免有疏漏和错误之处，敬请广大读者提出宝贵意见。

编　者

2019 年 2 月

全国干部培训教材编审指导委员会

《全面推进中国特色大国外交》

主　编：王　毅

副主编：张业遂　郑泽光　郭卫民　郭业洲　刘海星
　　　　宁吉喆　钱克明　王晓涛　王刚毅

责任编辑：朱　玲　谢洪波　李文雅
封面设计：周方亚
版式设计：王欢欢
责任校对：胡　佳

图书在版编目（CIP）数据

全面推进中国特色大国外交／全国干部培训教材编审指导委员会组织编写.
　　-- 北京：党建读物出版社：人民出版社，2019.2
全国干部学习培训教材
ISBN 978 - 7 - 5099 - 1125 - 9

I.①全…　II.①全…　III.①中国特色－外交－干部培训－教材　IV.① D82

中国版本图书馆 CIP 数据核字（2019）第 020637 号

全面推进中国特色大国外交

QUANMIAN TUIJIN ZHONGGUO TESE DAGUO WAIJIAO

全国干部培训教材编审指导委员会组织编写

主　编：王　毅

党建读物出版社
人民出版社　出版发行

河北新华第一印刷有限责任公司印刷　新华书店经销

2019 年 2 月第 1 版　2019 年 2 月第 1 次印刷
开本：710 毫米 ×1000 毫米　1/16
印张：14.5　字数：162 千字

ISBN 978 - 7 - 5099 - 1125 - 9　定价：35.00 元

邮购地址 100706　北京市东城区隆福寺街 99 号
人民东方图书销售中心　电话（010）65250042　65289539

本书如有印装错误，可随时更换　电话：（010）58587361